国家自然科学基金面上项目"去杠杆、集团金字塔控股与上市公司负债的结构性转移"（72172141）
国家自然科学基金青年项目"新闻传媒双轨制、资讯特征与资本市场信息整合"（71702165）

杨玉龙/著

差序格局视角下的
中国企业业绩评价

Enterprises' Performance Evaluation Under
The Perspective Of Differential Mode Of Association

中国财经出版传媒集团

经济科学出版社
Economic Science Press

·北京·

图书在版编目（CIP）数据

差序格局视角下的中国企业业绩评价／杨玉龙著
. —北京：经济科学出版社，2024.5
ISBN 978 - 7 - 5218 - 5944 - 7

Ⅰ. ①差⋯　Ⅱ. ①杨⋯　Ⅲ. ①企业经济 - 经济评价 -
研究 - 中国　Ⅳ. ①F279. 23

中国国家版本馆 CIP 数据核字（2024）第 111087 号

责任编辑：杜　鹏　武献杰　常家凤
责任校对：王苗苗
责任印制：邱　天

差序格局视角下的中国企业业绩评价

CHAXU GEJU SHIJIAOXIA DE ZHONGGUO QIYE YEJI PINGJIA

杨玉龙　著

经济科学出版社出版、发行　新华书店经销
社址：北京市海淀区阜成路甲 28 号　邮编：100142
编辑部电话：010 - 88191441　发行部电话：010 - 88191522
网址：www. esp. com. cn
电子邮箱：esp_bj@ 163. com
天猫网店：经济科学出版社旗舰店
网址：http: // jjkxcbs. tmall. com
固安华明印业有限公司印装
710×1000　16 开　13.5 印张　220000 字
2024 年 5 月第 1 版　2024 年 5 月第 1 次印刷
ISBN 978 - 7 - 5218 - 5944 - 7　定价：99.00 元
（图书出现印装问题，本社负责调换。电话：010 - 88191545）
（版权所有　侵权必究　打击盗版　举报热线：010 - 88191661
QQ：2242791300　营销中心电话：010 - 88191537
电子邮箱：dbts@ esp. com. cn）

序

　　中国管理会计的本土化问题，是萦绕于我心头一辈子的重大课题。我在 20 世纪就开始倡议引进作业成本法（activity based costing）、平衡计分卡（balanced score card）等先进的西方管理会计工具进入中国企业，并且力行实践。特别是，我在许继电气主推的作业成本法试点工作，在业内的影响力颇大，从账面上看也确实降低了许继电气的生产成本，可我仍然有很多不满意的地方。当然，无论怎样，我还是很感谢这段实践经历，因为我从中深刻体会到了管理会计本土化过程中所面临的核心困难。

　　这一困难还可以与我的另一段经历相联系。受益于上海特殊的地理区位，我与外资企业的接触非常频繁。由于学者的超然地位和个人的性格特质，外资企业负责人常常会在交谈中坦诚地告诉我他们无法对外人言说的困惑和诉求。其中，有一位外资企业负责人的观点非常具有代表性，他话的大意是说："潘老师，在中国做生意、谈合同，要在前期不停地喝酒吃饭、出游娱乐，我们不胜其烦。能不能请中方把这些活动的成本打包汇总计算一下，我们直接打到中方账户上，由中方自由消费。这样我们就不必浪费大量时间在这种对公司业务没有任何意义的应酬上了。"这一建议自然不可能在中国落地，而且从中方的角度来看无疑是幼稚的，可是从外资自身出发又似乎是合理的。

　　我事后认真总结了上述观点背后的中西方文化差异，但我仍不满意，我认为更关键的是用统一的框架去整合其中的差异，这才是更有深义的工作。其实，无论是中国人还是外国人，其最终目标都是达成交易。而达成交易无论在中国还是在外国都不容易，因为总有人想占别人便宜。达成交易的真正难题在于"怎样构建一种信任，让我们彼此相信双方在未来出现困难和争议时会同舟共济而非过河拆桥"。因此，在中国做生意前的"喝酒吃饭、出游娱乐"并不单纯是一种享受，其中还包含了构建信任的工作。事实上，正如外资企业负责人所言，构建信任的代价是巨大的，对外资如此，对中方其实也是如此，双方付出的不仅仅是时间和金钱，还有因为这种交际活动所带来的健康的恶化和对家庭的疏离。

然而，这种代价是值得的。我记得我曾经接触过一家公司，叫作东进农牧公司，其主营业务是猪肉生产，公司将养猪场建在广东省的白岭村，开业后的最初几年，因为环保措施不到位，整个村子都弥漫着猪粪的气味，但是村民从没想过通过诉讼要公司进行赔偿。为什么？因为东进农牧公司的老板就是村里出去做生意成功后返乡的"自己人"，而老板也不负村民信任，又是帮乡亲盖房子，又是修路和通电，又是解决乡亲就业，又是资助大学生。上面这些投入，单独看类似于外资企业负责人说的"喝酒吃饭、出游娱乐"，与公司业务没有任何关系。但是，从长远来看，这些投入构建了信任，促成了后续交易的达成。依据科斯的观点，在市场范围内，只要交易的利益足够大，为交易达成而付出的成本总是值得的。

2009 年秋天，杨玉龙正好在修我主讲的《管理会计研究》课程，可能是我在某次授课时提到了上述外资企业负责人的看法，他在博士论文写完后的一次闲聊中说对此印象非常深刻，也因此埋下了他后来博士论文选题的种子。2010 年夏天，杨玉龙通过了硕博连读阶段的资格考试，正式跟我攻读博士学位。彼时，我刚刚中标一项国家自然科学基金重点课题"以价值为基础、以战略为导向的中国企业管理会计研究",下设四个子课题,其中,第四个课题就是中国企业的业绩评价研究,子课题负责人是我的第一位博士张川。我权衡之后,就安排杨玉龙辅助张川推进这一子课题。2012年春夏之交的时候,杨玉龙找到我,告诉我要写差序格局与中国企业的业绩评价。

"差序格局"是费孝通教授于1947年提出的社会学概念,也是近代以来由中国学者提出的最具影响力的社会科学概念。尽管我很早就认识到企业的业绩评价依据亲疏远近而有所不同,但是,我从未想过从差序格局的视角来分析企业业绩评价。这一概念和"关系"概念差异甚大,我很担心这篇文章在执行过程中会遇到极大的困难,因为差序格局里的"序"实际上有地位高低的意思。实证研究中借助问卷量化"关系"亲疏远近并不十分困难,而要量化"关系"的"地位高低"则还有诸多障碍。不过,我确实觉得从社会学的视角审视管理会计实践,也许能为中国管理会计的本土化提供些许启示。于是,我鼓励他勇敢地做下去。

2013年春天,杨玉龙的博士论文初稿写就,我记得是那年正月十五提交到我手里的。初稿既令我欣慰,也印证了我的隐忧。

在理论分析方面,这一研究确实有很多亮点。杨玉龙认为,差序格局表面上展现出的是"关系"格局,实际上与"关系"格局相伴随的还包括人际信息沟通格局和信任格局。差序格局中的成员越是接近于处在中心的"我",则彼此间信息沟通越密切,信任程度越高,信息不对称程度也越低。这一视角可以将差序格局放入信息经济学的理论框架下进行考察。同时,差序格局中成员的不同地位也意味着缔约方式的不同,越是接近于处在中心地位的"我",则越依赖于非正式的关系契约;反之,则越依赖于正式的分立契约。这一视角又可以将差序格局放入契约经济学的框架下进行探讨。当企业主要依赖亲朋故旧进行管理时,企业的管理会计系统更需要以决策为导向，而较少关注管理会计的控制导向，因为差序格局本身就是一种中国社会天然赋予企业的可以替代管理会计控制职能的非正式控制机制。正因为如此，在差序格局的同心波纹上，与委托人（授权人）关系越亲近者往往会取得更多的管理权力，进而导致中国企业在权力配置上呈现显著的差序格局。面对亲疏不同的员工，管理者由于具备不同的信息沟通渠道和存在差异化的缔约便利程度，最终使得管理者对员工的业绩评价根据亲疏远近呈现不同的考核标准。而且，随着关系由疏远走向亲近，薪酬黏性也应当越来越小。

但是，在实证分析方面，这一研究对差序格局的度量还有待改进。费孝通教授从未对差序格局进行精确度量，学者后续主要是围绕亲缘关系和地缘关系来标注差序格局的内涵，所不同的是他们将差序格局概念扩张，使之同时涵盖亲属、朋友、地缘、九同以及陌生人等各类人际交互模式。杨玉龙认为这种描述性的工作，即便通过详细罗列来精确界定差序格局的外延，也很难在实证研究中进行操作。因为很难对已有研究者所列示的各种社会关系进行亲疏排序，而且越是外推的关系纹络越是难以进行编码。于是，他决定抛开差序格局概念中过于浅显的"关系"构面，直接探讨与之相伴随的人际信息沟通格局和信任格局。通过调查私下信息沟通和信任差异来量化差序格局。这种抽象化处理的好处是避免了对难以判断的概念如"同乡"和"朋友"进行粗暴的主观任意编码，而直接关注差序格局对经济交易施加作用的渠道，也就是信息和信任。但是，这种处理仍然存在我所担忧的问题：差序格局里的"序"也就是"地位高低"的因素没有得到充分反映。

我认为中国管理会计理论体系可以划分为两部分：第一部分是其与西方管理会计研究所共有的理论内核；第二部分是包裹在中国管理会计实践外面的制度环境特色与人际交往特色，这使得中国管理会计理论体系呈现出鲜明的中国特色。杨玉龙的研究可以归入第二部分，也是我认为构建中国特色管理会计理论体系过程中应当重点关注的部分。从这一视角来看，尽管杨玉龙的研究还存在很多有待进一步打磨的地方，但是，确实行进在有前景的方向上。

2022年深秋，杨玉龙忽然告诉我准备出版他的博士论文。时间倏忽而逝，不知不觉杨玉龙已经毕业十年了。这十年间，他完成了娶妻生子、评定教授等人生大事，也持续发表了许多论文，而我印象最深刻的仍然是他的博士论文。我曾听闻有人戏言许多学者最高光的时刻便是他创作博士论文的时刻，我希望杨玉龙能超越他的博士研究成果。在科研的道路上，耐得住寂寞，坐得住十年的冷板凳，才会真正取得卓越的成果。很明显，这十年，杨玉龙的冷板凳坐得还不够稳，希望下一个十年能够坐得稳一些。

期待中国管理会计学者的队伍越来越壮大，从而为世界的管理会计研究留下中国的声音！

是为序。

潘 飞
2022年冬于上海

自　序

我的困惑

　　我出生的山东省枣庄市，距离曲阜103公里，因而可以想见的是，我成长的环境受儒家文化浸染极深。在赴上海求学前，我一直以为春节给长辈拜年要磕头是全中国都奉行的礼节，现在回忆起来不禁莞尔。虽然早已知道磕头拜年只是中国局部地区的风俗，但是这并不影响我每年回去继续这种礼节，哪怕我已经人到中年。礼俗对人的影响之深，由此可见一斑。礼俗展现最隆重的场景便是红白喜事，每当家族有人过世或是有人成婚，以当事人为中心，家族成员依照远近亲疏、辈分高低，各司其职、各尽其力，无论家族多么庞大，总是可以有序而平稳地推进丧葬或嫁娶流程，仔细想来非常不易。仅举一例，在上海或者杭州，每次遇到同事或朋友的红白喜事，我总是要反复斟酌礼金数额，特别是要兼顾交情深浅和周围同事或朋友的金额大小，犹为难决。但是，这种事情在老家反而相对容易，我只要明确和当事人的关系距离，而后与同类关系的亲属统一金额即可。事实上，事后翻看礼金簿记，大体上可以看到金额依据与当事人关系的亲疏而呈现逐步减少的趋势，任谁违背了这规矩，若没有切实的理据反而会引起主家的不安，礼金有可能会因之退回。

　　红白喜事上依据与当事人的关系远近而对不同家族成员进行不同的定位，其实质是一种社会成员的编码系统。裘燕萍在《汉英亲属称谓系统的对比研究》一文中指出汉语中三代以内亲属称谓词共有 58 个，而英语中则只有 23 个。其中，最典型的例子就是，汉语中的伯父、叔父、舅父、姑父、姨父在英文中均以"uncle"一词统称，但是任何一个中国人都知道这几位亲属在家族的地位绝不相同。上述差异还仅只考虑了三代以内，而三代以外的称谓系统，汉语要比英语更为精细，比如《亲属称谓词典》中共收录汉语中的亲属称谓 3500 条。如果我们将这些称谓视作对社会的编码，那么，我们可以很容易理解其背后的社会治理意涵。陈原在《社会语言学》中指出，无论哪一方面的社会交际，都必须严格按照亲属称谓的规定；不论是丧礼婚礼还是承继遗产，以致一人犯罪、波及九族，都要按这个亲系树的等级办理。换句话说，以亲属称谓为表征的社会编码系统是中国传统社会治理和司法治理的核心基础。

社会有序运行的前提条件是建构一种制度，无论是正式的法律还是非正式的习俗，这种制度要能够帮助一个人形成对他人行为的稳定预期。具体来讲，社会有序运行的基础是每位社会成员都要清楚自己的定位。为帮助每位社会成员实现定位，就必须存在一种社会编码系统。深挖存续至今的任何社会类型，都会发现这种社会编码系统的存在，区别无非是有的社会编码系统相对粗糙，有的社会编码系统相对精细。这种编码系统以社会有序运行为出发点，呈现出"群体分层、同层平等"的基本规律，其中，群体分层是为了反映群体内部的差异性，而同层平等是为了满足个体的公平诉求。群体分层的标准应当尽量客观，以减少混淆和争议带来的内耗，也应当尽量精细，以使得分层后的同层成员能够大体接受彼此作为平等的个体。无论现代人是否能够理解和接受，在传统社会中，由血缘及其衍生的生理特征和地缘特征因其相对易于识别和较少争议，很自然地就形成了社会编码的常规依据，进而在此基础上演化出了权力、责任和利益的分配制度。其中，最为典型者就是皇位传承的嫡长子制度，优先立嫡立长而非立贤，肯定是因为嫡长易于识别，而贤明程度则很难测度，立贤的争议也必然更大。

与其说中国传统社会重视基于血缘和地缘关系的治理，不如说除了血缘和地缘，中国传统社会就很难找到其他可以简便识别个体地位的编码工具。艾伦·麦克法兰在《英国个人主义的起源》中提到，自 13 世纪起，也就是中国的南宋时期，英国就构建出了一套完整的社会档案系统，这个档案系统较为完整地记录了村镇城市居民的出生、死亡、土地、财产、婚姻、继承和诉讼等相关的文件资料。基于这套档案，英国当然可以采取不一样的编码系统（比如财产数额）来治理社会。而中国直至 20 世纪才逐步开始建立个人档案系统，无论是系统性还是覆盖面，至今都还处在不断发展和完善的过程之中。既然可选余地不大，那么，中国社会的权力、责任和利益分配都只好依据血缘和地缘①来完成。如果说财产继承依据血缘编码来处理有其内在合理性，那么，株连九族这种司法治理还依赖血缘编码就过分粗糙了。

无论当事人愿不愿意，社会运行的底层编码系统都会深刻地影响社会成员之间的交往方式。即使由农业社会步入工业社会，这套编码系统仍旧持续地发挥着它的影响力，也必然会在企业经营和管理过程中有所体现。张五常在《企业的契约性质》一文中指出，企业存在的原因在于它可以为复杂多样的生产投入要素进行评价和支付，而这种工作对产品消费者来讲则极端困难，因为消费者缺乏技术知识和详细信息，无法对每一种生产要素进行单独评价和支付，这一分析暗示了企业可以被视作一个精巧的测量系统。那么，从量化的角度来分析，社会底层的编码系统会如何影响企业构建自身的测量系统呢？这种影响在企业内部的权力、责任和利益的分配方面

---

① 事实上，仔细推敲地缘关系，就会发现它无非是乡土社会情境下的血缘延伸。

会有怎样的体现呢？这些问题非常值得深思和探索，在很早的时候就引起了我的兴趣。可惜的是，我一直没有办法用一个统一的逻辑把这些思考串联起来。

初入上财

2008 年 9 月，北京奥运会闭幕没多久，我就进入上海财经大学会计学院开始研究生阶段的学习。那时金融危机已经初显，不过象牙塔内对之感触不深，而学习任务又非常繁重。于是，我终日端坐图书馆死磕研究论文。而后一时热血上涌，踏上了读博之路。随后的五年间，我在文献的海洋里疯狂挣扎，最终得遇灯塔，勉强上岸。这段匍匐挣扎的经历，为我完成了两个方面的理论储备。

第一个理论准备是产权和契约理论。博士一年级的训练是阅读大量产权和契约有关的经典文献，从科斯、阿尔钦、德姆塞茨、张五常、威廉姆森、斯蒂格利茨一直到哈特。在泛泛浏览完一遍这些文献后，我开始悟到制度、契约、产权与交易成本其实是对同一对象的不同描述，制度、契约和产权均是约束竞争的手段，其直接作用是为竞争参与者提供稳定一致的预期。交易成本是为约束竞争而产生的成本，亦可说是人们为了使他人行为可预期而付出的代价。张五常认为社会必须要有一套权、责、利的分配机制，这机制可以是市场，而当市场被取消，行政等级制就替代市场成为主要的分配机制。1956 年 6 月，在社会主义改造基本完成、计划经济初步建立之后，国务院通过《关于工资改革的决定》，这一文件奠定了此后长达 30 年之久的二十四级工资制的基础，同时对新中国"吏制"产生了深刻影响，从此，"级别"成为中国除农民以外各类社会人群政治经济生活排序的重要标准。当时，我读到张五常的这一观点时极为震撼，也促发我去思考如下问题：在市场机制和行政等级以外，还存不存在其他的权、责、利分配机制？这就要涉及第二个理论准备了。

第二个理论准备是社会学的相关理论。我攻读博士学位的时候，对经济学理论的力量有一种盲目崇拜。可是，伴随着一开始的思维震撼逐步消减，又感觉这些理论与中国的现实问题始终存在隔膜。2010年左右，我刚刚拜入潘老师师门，那时刚好有一篇文章风靡网络，是北京大学冯军旗博士写的《中县干部》，我读完之后深受启发，开始大量研读社会学文献。在中国，只要读社会学文献，迟早都会碰到费孝通教授的《乡土中国》，而在《乡土中国》中则一定会注意到"差序格局"这个词，我自然也不例外。所谓"差序格局"，相当于一般而言的"礼治秩序"，是指中国社会的基本形式由社会关系的等级构成，而这一等级根据与"己"远近亲疏的不同来衡量，"好像把一块石头丢在水面上所发生的一圈圈推出去的波纹"，而中国的亲属制度相应的是一种同心圆的模式。西方的社会结构呈现为"团体格局"，与中国的"差序格局"形成鲜明对比。而差序格局中的权力结构、国家职能、礼仪秩序、经济体系、社会稳定等，都有着与西方截然不同的"乡土本色"。在企业经营中，差序格局的应用非常普遍，比如农村市场的营销和广告常常沿着差序格局上的波纹逐层传播。很明显，差序格局也可以被视作一种责、权、利的分配依据。

从事后来看，在阅读过与差序格局有关的文献以后，为回答我困惑已久的问题所需要的理论准备已经基本完成，但是，还欠缺一个事件、一个冲击、一个场景将这些理论准备和问题链接起来。

奔赴香港

2011年11月，在叶青师兄的推荐下我赴香港中文大学跟随范博宏教授研究家族企业。现在回忆起来，我当时的训练还不足以胜任研究工作，也根本不知道研究应如何做起。幸运的是，范博宏教授每周都要开一次例会，每次例会都要研讨论文或者分析案例，例会的讨论往往非常激烈，这种严苛的训练迫使我在例会之后不停地补课，即便在和同伴出游时也要带着电脑，以方便随时阅读文献和编辑文档。

范博宏教授非常强调产权理论和契约理论经典文献的阅读，也就是科斯、德姆塞茨、阿尔钦、威廉姆森的那些经典文献。我在赴港前其实已经全部读过一遍了，而范老师则认为一遍远远不够，要读10遍以上才好。于是，在香港期间，我又把这些文章全部过了一遍。当然，我要坦诚，至今我也未读过10遍，可能勉强过了5～6遍。范老师常常强调产权不是一个权利，而是一束权利，这一束权利包括决策权（投票权）、分红权（现金流权）和转让权这三项权利。产权理论就是要分析如何分割和转移全部或者是一部分的资产权利，从而让资产的使用更有效率。这一观点对我在博士论文中分析决策权力时所采用的方法影响至深。

范博宏教授在科研选题方面的策略极其有趣，他常常翻阅报纸和期刊，然后用相机把他感兴趣的文章拍下来，至于他如何归集这些材料我实在不了解，不过，我确信他依此收集的材料非常丰富。我和范老师后来合作的一篇案例《公司资本运作的减法》就起源于他收集的一篇报道。他似乎对从文献到文献的选题方法颇有质疑，后来他写了一篇文章——《我向往的学术研究心法》，文中对科研选题进行了详细的说明，因为非常精彩，我摘录如下：

"那我们要练习的是什么呢？就是观察、分析和联想。我们现在做研究，基本就是假说分析和统计检验；从现有的文献稍加演绎推导，我们得到一个假说，这可能是一个衍生假说，接着就用现成的数据来检验这个假说。

但是几位产权大师提倡的是首先你要观察研究的问题在现实世界里有没有发生过。观察可能始于一则新闻报道，也可能是在街上偶然遇上的人和事。进一步分析你的观察是不是独立事件，还是一个普遍的现象。

这个时候你可以用产权理论去分析这个现象，能不能从中找到一个道理，为什么这个现象会发生。你还要再拿另一个看起来和前者没有关系的现象，用同样的方法去分析，看能不能分析出和第一个现象相同的道理来？如果他们的原理是相同的，那么恭喜，你已成功地把这两个观察联系在一起。

这时，你还不要急着做研究，应该再找第三个现象，用理论去分析，找到道理后，你又进一步发现，这个道理和前面几个是一样的，但它来自与前面不同的观察，这就是你联想的能力。可以把三个看起来不相关的现象联系在一起，这就是联想，就是创新。

这时，你才有资格去进一步研究更复杂的企业组织的问题。你从前面三个现象里分析出的原理能不能解释企业的某些行为？如果答案是肯定的，那么你就成功地找到了你的研究领域的一个问题和答案。

这样做研究的影响力、创新力，远比你从文献、数据库、指导教师那儿道听途说来的研究来得博大与长远。"

我后续写文章时也没有严格遵守从实践中观察、分析和联想的核心原则。不过，每当我想下功夫专心研究一个问题时，我总是会先去观察，收集一线材料，而不是对着学者们加工过的变量关系冥思苦想。

返回上财

2012 年 6 月，我从香港返回上财。彼时我忽然有一种莫名的信心，感觉自己突然知道如何开展科研了。我找到潘老师，汇报说我要写差序格局视角下的企业业绩量度。这一选题我之前已经和张川师姐沟通过了，她对此也持肯定态度，从而进一步夯实了我的信心。我准备下狠功夫专心探讨社会底层编码如何影响作为测量系统的企业。

我的第一步工作就是观察。2012 年暑假，我把我能找到的所有和企业业绩评价相关的调研案例全部收集起来，坐在图书馆里一篇一篇地看完，而后一篇一篇地归纳总结，暑假结束后，我整理出一篇总结报告——《中国企业非财务绩效考核的实践问题和研究挑战——基于文献研究的探讨》，这篇报告构成了本书的第二章，后来发表在《会计研究》2012 年的第 12 期上。文章发表迄今已逾十年，文中所提到 14 类实践问题即便在今日仍广泛存在，这印证了文章的现实性，也反映了实践进展的缓慢。

2012 年秋天，在陈国庆师兄和高苗苗博士父亲的牵头下，我调研了四家大型企业，在这过程中我收获巨大。三个月的时间里，我接触的一线会计人员数量比我过去十年接触的数量总和还要多。这段调研的最终成果便是本书的问卷量表。

我的第二步的工作就是分析。社会学者对于差序格局的研究可谓汗牛充栋，即便是细化到差序格局对企业管理的影响这一细分领域，相关的学术文献也如恒河沙数。但社会学视角与经济学视角的区别还是非常明显的。社会学者通常关注中国人际交互的差序格局特征对企业管理所带来的外显的影响，比如民营企业在权力设置、利益分配和上下级情感交流方面均有显著的差序格局特征。这些洞察对于后来的学者非常有启示意义，但我更感兴趣的是为什么差序格局一定会带来上述企业管理的安排，而社会学者在进行分析时则仍停留在以现象解释现象的阶段，很难提供进一步的洞察。

经济学的研究视角则不一样，它通常将企业视作一系列契约，从影响信息沟通以及影响契约（既包括显性契约又包括隐形契约）签订和执行的角度来解释差序格局对于企业管理安排可能产生的影响。差序格局中的"差"表征了信息沟通差异，而"序"则指出了权威的天然存在，这两者正是影响缔约的关键因素。在这一前提下，我就可以进一步考察，当制度发生变迁，差序格局中某一群体的权力（序）或信息（差）随之发生变化，企业管理的格局也会因之变化。极端情况是伴随着外部权威或外部信息技术发展，整个企业的差序格局都可能弱化，新型的团体格局会进一步凸显。这些洞察是原来的社会学研究所无法提供的。

上面这些分析工作构成了本书的第三章，后来发表在《会计研究》2014 年第 10 期上。

我的第三步的工作就是联想。业绩评价的相关研究认为，委托人向代理人赋予更多决策权力以后，代理人的可选行动集合扩大。委托人需要同时构建出一个配套控制机制，这一控制机制要既能够赋予代理人以足够的决策自由度，又要能够阻止代理人利用扩大的权力谋取个人私利。以综合财务指标为基础的激励机制正是符合这两项要求的控制机制。

企业内委托人通过差序格局实施控制的好处有两点：首先，差序格局治理是一种非正式的安排，并不存在明文之中，从而不会对代理人的行动施加具体的约束，而这给予了代理人足够的自由裁量空间；其次，差序格局治理天然地提供了层次分明的私下信息沟通渠道，可以缓解信息不对称，从而帮助委托人判断代理人的实际努力程度及其对企业的实质贡献。因此，差序格局治理可以像综合财务指标一样成为与分权相匹配的控制机制，进而便利分权的进行。

由上述联想，我推测出差序格局与企业业绩评价系统可能存在的替代关系，并通过问卷数据进行了检验。相关成果构成了本书的第四章和第七章，后来发表在《管理世界》2014 年第 10 期上。

十年后的回顾和展望

梅因在《古代法》中写道："所有进步社会的运动在有一点上

是一致的，在运动发展的过程中，其特点是家族依附的逐步消灭以及代之而起的个人义务的增长。用以逐步代替源自'家族'各种权利义务上那种相互关系形式的关系就是'契约'。可以说，所有进步社会的运动，到此处为止，是一个'从身份到契约'的运动。"

我非常欣赏"从身份到契约"这一论断中蕴含的洞见，但我认为这一分析应该进一步深入，究竟是什么因素导致了社会运动"从身份到契约"的转型。我的观点是社会底层编码系统随着技术进步和经济发展而逐步扩张和完备，使得社会交往不再需要依赖血缘编码，这一切最终导致了身份社会的终结和契约社会的到来。中国传统社会精细的血缘编码系统，既是中国社会超稳定结构的技术基础，同时也削弱了对社会成员财产、信用等方面进行编码的动机，进而延缓了社会运动从身份到契约的转型。当然，作为学者，我首先要接受历史和现实。无论我对中国社会的差序格局有何种情感态度，它都必将影响中国企业的现代化历程。

沿着上述思维脉络，我认为有两项值得深挖的研究议题：一是从中西方传统社会底层编码的差异入手，解释成长于其上的东西方企业的治理结构和经营模式的差异；二是分析技术进步和经济发展所带来的新型社会底层编码系统，如个人财产、信用、健康、教育和履历，如何替代或者打破了传统社会的血缘编码系统，以及随后其对企业组织变革和商业模式的深远影响。

在我的博士论文创作时，大数据这个概念刚刚兴起，但时至今日已经成为大街小巷随处可闻的日常用语。大数据必然会彻底重构社会底层编码系统，其背后的社会转型意涵也值得耐心观察、分析和联想。

博士论文成稿至今已有十余年，这期间，我一直给学生开设《业绩管理》课程，其中的内容要么是美国企业的管理会计方法，要么是日本企业的管理会计方法。如何在未来的《业绩管理》教材中令世人信服地加入中国企业的管理会计方法，是我一直以来难以释怀的心结！

愿与诸位共同努力，在世界管理会计研究中发出中国的声音！

杨玉龙

2022 年 12 月于杭州

前　　言

　　本书探讨了上下级关系的紧密程度与组织分权对于企业业绩评价系统的影响。其中，前者是中国社会由来已久的话题（何宽、陈兴荣和王克良，1989；金德田和秦庆育，1986）；后者则是自改革开放以来，市场经济建构过程中随处可见的字眼（林毅夫和刘培林，2001；张军和王祺，1998）。尽管有诸多纯理论的推测，诸如构建紧密的私人关系是在信任缺失、法治不完善制度下不得已而采取的非正式自我保护机制，分权应当构建出良好的与之相匹配的管理控制系统方可带来良好的业绩（洪剑峭，1998），针对这些推测所做的实证检验仍然匮乏，而将这两个问题作联合考察的研究更是一片空白。更进一步地，上下级关系与组织分权会对业绩评价产生何种影响，既是重要的理论问题，也是重要的实践问题。本书尝试采用问卷数据，为深刻理解这些问题作出初步的尝试。

　　在实践中，上下级关系会直接影响到上下级决策权力的配置。由此，本书可以将授权者与受权者的关系与分权联系到一起。而经济学关于分权的理论则为本书提供了将两者进行系统链接的现成的分析思路：分权必须构建相应控制机制以防止代理问题，关系可以被视作与分权相适应的一种非正式控制机制。由于标准的管理会计文献中已经系统研究了与分权相适应的另一项正式组织控制机制即业绩评价机制，因而，作为本书所意欲考察的分权控制问题的延伸，本书也将相当精力和篇幅放在非正式控制和正式控制的关联上，即关系与业绩评价的交互影响。事实上，上下级关系的影响除了在决策权力配置上有所表现以外，随后衍生的在业绩评价的表现上同样为人们所广泛感知。

基于一项问卷研究，在利润中心的水平上，本书成功建构了关系、分权以及业绩评价等关键变量，通过因子分析、回归分析以及结构方程模型，本书深入探讨了关系、分权以及业绩评价的各个构面之间的复杂交互关联，本书将向诸位读者证明，单纯的关系或者单纯的分权都不足以提升企业业绩，有助于企业业绩提升的组织设计往往有如下三个特征：一是分权在业绩量度质量较高的情境下进行；二是关系与分权进行了相互匹配；三是企业在分权的同时强化了业绩评价的控制职能。除此之外，本书还将向读者呈现关系、分权与业绩评价之间更为详细的关联：一是高质量的业绩评价和关系均可促进分权的进行；二是高质量的财务业绩评价会强化财务业绩评价的控制职能，而分权则既能强化财务业绩评价的控制职能，又会强化内部非财务业绩评价的控制职能；三是关系可以降低薪酬黏性，提升薪酬敏感性，而分权则仅仅会提高薪酬敏感性。

尽管本研究基于 2013 年收集的数据进行分析，彼时的经济环境和企业管理实践与当今相比已有所变化，但本书探讨的"业绩评价"主题触及企业管理中的经典问题，其基本原理与管理规律作为组织管理的经典问题，具有较强的稳定性和跨时期的一致性；"差序格局"视角这一视角聚焦于人际关系动态与组织结构特性，这些要素在不同的时间背景下展现出相对恒定的社会心理学基础和组织行为模式；此外，本书的研究设计经过精心构思与严格实施，力求通过严谨的量化与质性分析相结合提炼出超越特定时间背景的洞见。

本书基本上实现了原计划所需达成的任务，并能够对设计之初所提出的如下现实问题给予解答：为何中国企业在权力设置中存在依据关系远近而配置的现象（青平和钟涨宝，2003）？在中国企业中，负责人为何会根据员工的亲疏远近而采取不同的绩效考核标准（郑伯埙，1995）？在中国企业的业绩量度和薪酬制定中，关系治理是否有效？针对上述问题，本书所做的解答如下：中国企业在利润中心的层面上对管理人员的分权的确表现出了根据关系紧密程度而进行分权的倾向；上下级之间的关系的确影响了业绩评价的进行，但颇为有趣的是，本书发现关系的紧密有助于提高业绩指标的质量，当然，由于本书基于问卷来量度业绩指标质量，读者应当特别注意问卷答复者主观评判的效度；本书发现关系可以降低薪酬黏性、提升薪酬敏感性，从这一角度来看，关系的确具有一定的治理效力。分权必须与相应的控制机制相匹配才能带来良好的业绩，这种控制机制既可以是正式的业绩评价，也可以是非正式的关系。

目　录

第一章

导　　论

第一节　问题的提出

存在于中国社会的经济活动都具有浓厚的乡土特色。费孝通于《乡土中国》一书中提出差序格局概念，他将中国社会的人际关系比喻成以个体为中心向外逐渐推出、关系逐渐疏远的同心波纹（费孝通，2007）[①]。这一概念指出了中国传统社会自我主义、人治社会、长老主义、公私群己的相对性、特殊主义伦理的特点，因其契合中国社会人际之现实，故而为广大中国社会学者所认同。当今时代，尽管经济的高速运转为华人之间的交互影响构造了一个类似西方社会的钢筋混凝土环境，但任何一个经济活动实体的内部运营和外部响应都还是本土化的。当我们套用基于自利假说的西方经济理论来理解和重构中国企业的管理实践时，就会发现诸多矛盾。比如说，明知外部人能力更加杰出，企业为何依旧任人唯亲？

这是一个生活中司空见惯，并被无数人诟病的现象，这一问题展现了中国社会经济运行的一个悖论：如果大家都知道这种行为是错误的，为何会有人持续重复这种错误？事实上，从改革开放算起，中国的社会经济运行就一直向研

[①]　差序格局的原始文本一般可追溯至 1948 年观察社出版的《乡土中国与乡土重建》一书，本人未曾有幸得见该原始文本，本书所依据的文本为 2007 年上海人民出版社出版的《乡土中国》所登载（第 23~29 页）。

究者呈现出类似的难题（张五常，2009）[①]？本书无意于对这样宏大的问题进行解答，这种探讨对本书而言既超出了本书的范围，本书作者也力有不逮。然而，从这一宏阔的视野来看待本书意欲探讨的问题，本书可以比较清晰地定位出自己对于中国管理会计研究的边际贡献，那就是本书将尝试性地推出一个理论架构，在这一架构中引入国人自创的社会学概念：差序格局，并以之解释中国管理会计实践中一些独特的现象，诸如任人唯亲、考核标准亲疏有别等。

当然，本书探讨问题的场景是企业，作为一种典型的组织形式，企业必须能够完成三种职能：一是在企业内对各项决策权力和控制权力进行分配，二是进行业绩量度，三是根据业绩量度结果进行奖惩（Zimmerman，2011）。事实上，这三项职能也各自对应着企业组织设计中的三项重要议题。其中，业绩量度和基于业绩量度的奖惩在管理会计研究中一般归入企业业绩评价，由于决策权力分配与业绩评价的紧密关联，新近的业绩评价文献一般将两者放在组织设计的框架下作联合考察（Abernethy，Bouwens and van Lent，2004；Abernethy and Vagnoni，2004；Bouwens and van Lent，2007；Moers，2006）。本书将从差序格局的视角下专注探讨企业中的上述三种职能运行情况，这一议题在管理会计研究中一般划归业绩评价。限于篇幅，本书并不准备对成本、预算以及 MCS 等管理会计研究中的重要议题进行全面探讨，尽管本书认为从差序格局的视角下重构上述管理会计议题是富有前景的。

管理会计系统对于现代企业组织的深刻影响是一个长期被忽视的课题。经济学中生产者的最优均衡是要素的边际成本等于要素报酬，这一结论无论对于市场还是企业都应当成立。因此，识别和量化要素投入是一项重要的工作，因为要借之确定报酬。对于可分离的简单任务而言，市场即可完成，此时不存在所谓的组织问题。但是诸如搬箱子、拉纤等协作劳动，市场难以有效识别各个要素投入，此时，依赖组织的计量和监督就成为一种必要（Alchian and Demsetz，1972）。当然，协作并非组织产生的充分条件，诸如资产专用性等因素的

---

① 作为澄清性的一个解释，张五常采取了一个比喻性的说法，其原文表述为"本文用一个比喻对这些朋友解释困扰了本人好几年的问题。一个跳高的人，专家认为不懂得跳。他走得蹒跚，姿势拙劣。但他能跳八尺高，是世界纪录。这个人一定是做了些很对的事，比所有以前跳高的做得更对。那是什么？在不同的内容上，这就是中国的问题"。

考虑可能更为重要（Alchian，1984；Williamson，1979），但组织在其中起到的作用仍然是十分相近的，即通过科层的规范运作、对参与者行为的编码，进而进行监督和激励。产权经济学的主要开创者们关注的架构似乎比较宏大，计量在组织中的作用因为过于琐细，故而相应的研究并不深入。

　　然而，企业的出现依赖于先进的信息计量和信息处理技术，从广义上讲这种技术并非单纯指科技上的诸如无线通信或交通运输技术的进展，更加重要的是管理技术，尤其是会计编码和组织设计。其中，特别引人注目的是管理会计的发展使得企业的经营活动得到了尽可能全面的数据编码，这才使得随后的科学运作管理成为可能。对于司空见惯的会计簿计，大多数人都习以为常，但是许多人都忘记了正是这些数据才使得经理人的管理才华能够被进一步观测和定价，企业的诸多经营活动才能够实现专业化，所有权和控制权的分离才有了科学的前提。只要回顾一下资本主义上升时期的经营者往往是工程技术专家，诸如杜邦、通用汽车和通用电子，其业主对于产品生产流程都非常了解，再与现代企业的高层管理者比对会发现，企业的首席执行官已经转变为会计、金融、法律部门的专家（Johnson and Kaplan，1987）。

　　这是一个非常有趣的现象，其中，管理会计系统起到了极其重要的作用。诸如预算和投资回报率指标，可以将经理人所辖业务部门的经营状况进行数据编码和汇整，使其成为支持考评和决策的有用信息。通过这些管理会计创新，高层管理者无须像资本主义上升时期的企业管理者那样务必将自己嵌入企业日常运营的细节。他们可以在所有权与控制权分离后，进一步将控制权下放，将经营任务与相应的权限授权给下一层次的部门管理人员。业绩评价体系在组织设计中的作用不言而喻。然而，针对业绩评价和组织构建（特别是决策权力配置）的实证研究并不多见，而将社会学概念差序格局嵌入这类研究的工作在国内外都还是空白[①]。值得强调的是，不同于公开数据考察，本书将借助问

---

　　① 关于这一点，值得一提的是西方学者对于管理会计研究使命的洞察，"证据表明，除了经济激励，个体也对伦理和道德原则作出反应。在这个角度上，管理会计研究也有助于确定社会动机、个体价值和公司非正式信息系统在多大程度上与更正式的治理程序交互作用，以有助于确保员工采取最有利于公司的行动。"这段文字取自《管理会计研究第一卷》，由中国人民大学出版社于2009年12月出版，作者为Geoffrey B. Sprinkle 和 Michael G. Williamson，由罗炜和樊铮翻译。套用到本书，可以讲本书意在研究非正式的关系与更正式的分权以及评价机制的交互作用，并期望给企业管理实践中的分权和业绩评价构建以启示。

卷数据使得本书有机会深入到利润中心来探讨这一问题，这使得本书与实践的关联更为紧密。

综上所述，本书意在从差序格局的视角来解读中国企业管理会计实践中的一个重要维度：业绩评价。具体来讲，本书将对中国企业管理实践中广泛存在的如下疑问从经济学的角度作出解释：为何中国企业存在根据关系远近而配置权力的现象（青平和钟涨宝，2003）？在中国企业中，负责人为何根据员工的亲疏远近而采取不同的绩效考核标准（郑伯埙，1995）？在中国企业的业绩量度和薪酬制定中，关系治理是否有效？在此基础上，本书将进一步探讨任人唯亲这种关系导向的文化对中国企业组织设计会有何种影响。厘清上述问题，对于构建适应中国关系文化的管理架构将具有重要的意义。

第二节　主要发现及研究意义

一、主要发现

本书采取问卷研究方法，鉴于问卷调查的企业样本中民营企业占比超过半数，因此本文的实证结果所反映的问题主要集中于民营企业。通过对问卷数据的整理分析，发现了如下实证结果。

第一，财务业绩指标的测量质量会影响其在决策与控制等不同用途中的使用程度，而内部非财务业绩指标和外部非财务业绩指标对它们各自在决策与控制等不同用途中的使用上并无显著的影响。

第二，业绩指标的测量质量也会影响企业对于利润中心管理人员的分权，总体而言，良好的财务业绩指标质量可以促进分权。

第三，针对利润中心管理人员的分权会影响组织中对于业绩指标的使用，具体而言，组织对利润中心管理人员所作分权越多，组织越会强化财务指标的控制用途，也会强化内部非财务业绩指标的控制职能和决策职能，还会强化外部非财务业绩指标的决策职能。

第四，利润中心管理人员与其直接上级之间的关系会影响组织的业绩评价体系与组织对利润中心管理人员的分权程度，具体而言，良好的上下级关系能够促进信息的沟通和信任，这使得组织中无论对财务业绩指标还是非财务业绩指标的测量质量都显著提高，同时，良好的上下级关系也可以促进组织对于利润中心经理人的分权。

第五，良好的关系可以降低利润中心经理人的薪酬黏性，并提高他们的薪酬业绩敏感性。

第六，单纯依赖分权或者良好的上下级关系都不足以直接产生优良的业绩，分权与关系相匹配有可能带来较好的业绩表现。

第七，通过结构方程分析，本书进一步印证了如下观点：关系和分权都不是企业业绩表现优良的直接原因，企业业绩表现优良的可能原因是关系促成的信息沟通提高了业绩量度质量，在高质量的业绩量度体系下，分权造成的代理问题削弱，而分权带来的诸多好处又为企业所享有，企业业绩因此而改善。

二、理论意义

第一，本书运用实证方法考察中国特有的社会结构即差序格局在中国企业实践中的影响。通过使用大样本数据，以实证方法考察关系对企业管理中组织设计的影响，有助于我们总结出中国企业乃至华人企业成功的规律。

第二，本书将中国社会学概念整合进标准的经济学理论框架中，力图推导出更加符合中国本土特色的、科学的中国企业管理模式。差序格局之所以难以被经济学和管理学界所认可，主要原因在于其所衍生的主要概念"关系"在计量时面临着数据收集的阻碍，西方经济学中也缺乏深入探讨"关系"变量的模型和理论。虽然有西方文献谈及关系契约和关系治理（Macneil，1977；Neubauer and Lank，1998；Poppo and Zenger，2002），但是其所谓"关系"只是近似于中国文化中陌生人之间的两两交互，而无法描述中国人际关系中血缘、地域和共事所衍生的层次有别、信任有别的深刻内涵。本书从关系量度入手，而后着眼于"关系"连带的信息获取，在信息经济学和契约经济学框架下嵌入中国本土元素。

第三，本书将提供证据展示中国企业管理中广泛存在的差序格局特征，并从有利于信息沟通和契约签订的角度解释这一管理安排在中国制度背景下的适应性。学者们对于中国企业普遍存在的家族主义或者泛家族主义是持有争论的（Whyte，1996），在承"关系"对中国企业发展的贡献同时也会对之作出批评（蒋神州，2010；青平和钟涨宝，2003）。然而，这种争论往往只建立在引证个案或者传闻证据的基础上。本书力图从大样本中发掘中国企业"关系"导向的管理在企业分权、业绩量度和薪酬制定方面究竟有哪些规律，并解释"关系"导向下的用人和权力设置在中国制度背景下有哪些优势从而导致了其广泛存在。

三、实践意义

第一，本书将通过收集数据来验证"任人唯亲"现象，并从理论上解释这种现象的经济原因。本书将通过数据来考证这一现象，并在统一的框架下解释这种现象出现的根源。然后，本书将从企业业绩着手进行考量，考证"关系"治理对企业究竟有无益处，这对于中国企业随后的业绩管理实践将有着重要的启示。

第二，分权是中国市场化改革过程中一直以来的重要议题。无论是民营企业创始人向职业经理人的权力授予，还是国有企业总部权力的下放，一直以来都是理论界和实务界关注的焦点（庞义成和房毅，2001；王斌和高晨，2003）。通过分权，最高层管理人员集中关注战略层次的问题；而中低层管理人员则可以在授权范围内，根据不断变化的市场环境迅速作出应变决策，避免因层层汇报、延误决策时间而可能造成的损失；各层次管理人员能够产生极大的积极性和创造性，既有益于企业整体利益，又能充分实现其自身价值（洪剑峭，1998）。然而，分权从来都不是一个单纯的过程，事实上，作为组织运行中的一个子系统，决策权力分配的变更必须同时伴随着业绩量度与奖惩系统的调试（Abernethy，Bouwens and van Lent，2004；洪剑峭，1998）。本书将从实证上对这一问题进行探讨，并给出最优分权的一些条件。本书发现，分权必须伴随着正式控制机制或非正式控制机制的匹配方可产生良好的企业业绩，这对中国企业的分权管理实践具有重要的启示意义。

第三，在管理会计实践中，一个经常被忽视的问题是，业绩指标的决策和控制职能到底如何权衡。这类似于财务会计中决策有用观和受托责任观的争论。本书通过问卷，对一线管理会计实践进行了考察。本书发现，无论是财务业绩指标还是非财务业绩指标，在决策用途上的重要性都要高于控制用途，这与财务会计中决策有用观占优于受托责任观似乎不谋而合，同时这对于中国企业管理实践中构建业绩评价体系也具有重要的启示意义，即业绩评价并非单纯奖惩的工具，其更重要的意义在于为企业的决策服务，而将业绩评价视作单纯的奖惩工具恰恰是许多中国企业实施业绩评价时的常见误区（张川、杨玉龙和高苗苗，2012；钟孟光，2006）。

第三节　结构与安排

全书共分八章，主要内容及结构概述如下：

第一章：导论。这一章介绍了本书的主要发现，概述了本书的可能贡献与研究意义，并对本书的结构和安排进行了简要的陈述。

第二章：中国企业业绩评价实践中的问题、研究挑战与反思。本章对中国企业业绩评价的现状进行了贴近现实的描绘，尽管采取的是文献研究的方法，但由于是遴选一线的业绩评价案例进行统计汇整，因此，这一章较为清晰地展示了本书开展研究的制度背景。在对当前业绩评价相关理论的诸多缺陷进行批判以后，本章强调了两点需要改进之处，一是将业绩量度、决策权力配置以及激励设计进行系统分析，二是引入具有中国特色的视角对中国企业业绩评价进行分析。这正是本书的中心任务，尽管本书的工作可能仅仅是个开始。

第三章：理论基础与文献回顾。尽管本书试图采取一个崭新的视角来探讨中国企业的业绩评价，但是本书仍然非常小心地将理论工具限制在标准的经济学理论框架下。本书所有的研究假说均可以追溯并嵌入如下三条理论脉络。第一条理论线索为，分权必需要与相应的控制机制相适应（Jensen and Meckling，1992；洪剑峭，1998）；第二条线索为，正式制度的不完备可以借由非正式的制度，尤其是特定的人事安排进行修缮（Pamuk，2000；Wang，2000；钱穆，2012）；第三条线索为，在某项交易中对交易结果影响更大的一方对交易结果的剩余索取权份额也应越大（Barzel，1997）。当然，本书使用的理论工具包括但不限于上述三条。在文献回顾部分，本书会按照影响因素—业绩评价—经济后果的顺序综述新近的有关业绩评价的相关研究。

第四章：假说推导。本章将按照如下的顺序进行理论论证和提出研究假说：第一，各类业绩指标（财务业绩指标、内部非财务业绩指标和外部非财务业绩指标）量度质量与各类业绩指标用途和使用程度；第二，分权与业绩评价；第三，关系与业绩评价，关系与分权；第四，法治指数对于关系与分权、业绩指标质量与分权的调节效应；第五，关系和业绩量度质量对薪酬黏性及薪酬业绩敏感性的影响；第六，关系与分权的匹配和业绩量度质量与分权的匹配这两者对最终业绩的影响。

第五章：数据收集、变量计量与问卷评估。本章介绍了采用问卷调查收集截面研究数据的过程，对研究变量的计量方式以及数据处理方法进行了简要的概述，并且依据标准方法考察了问卷数据的信度。

第六章：因子分析、统计描述与模型构建。本章将重要研究构念（决策权力、关系、各类业绩指标量度质量、业绩评价职能与企业业绩）所涉及的题目进行因子分析，分离出各自的重要因子，为随后的实证研究奠定基础。

第七章：假说检验与实证分析。本章将按照假说提出的顺序对各个假说进行检验，除采用经典的最小二乘法进行回归分析以外，本书还将对关键变量使用结构方程模型同时估计。

第八章：结论。总结全书的主要发现，论述研究的理论和实践意义，讨论书中存在的主要研究局限和今后的研究方向。

为求清晰地展示本书的研究框架，特别绘制了本书的研究框架图（见

图 1-1），这是一个简略的图示，但基本涵括了本书意图探讨的主要变量之间的交互关系。

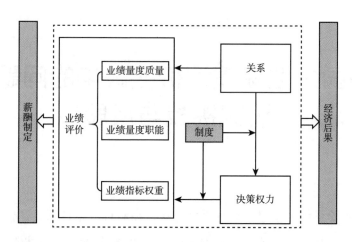

图 1-1　本书研究框架

第二章

中国企业业绩评价实践中的问题、
研究挑战与反思

业绩评价系统对于组织运行不可或缺，在制订战略计划、评估组织目标达成和奖惩经理人员等活动中尤为关键（Ittner and Larcker，1998）。传统的业绩评价系统以财务指标为基础，而财务指标反映的是历史信息且具有滞后性，无法反映企业的前景，这可能导致经理人为短期利益而违背组织长远战略（Atkinson，1998；Merchant，1990）。由于传统业绩评价系统存在诸多缺陷，对之进行变革逐渐成为学界共识（IMA，1996；张川和潘飞，2007）。

为了对传统的业绩评价体系进行改进，学者们提出两种革新方案：一种方案强调对经济利润的评价从而关注股东价值的增加（Stern，Stewart and Chew，1995；刘力和宋志毅，1999）；另一种方案则强调多维化业绩评价模式（Kaplan and Norton，2001a，2001b，2004；乔均、祁晓荔和储俊松，2008；张兆国和陈天骥，2002），引入非财务业绩指标从而使得管理者的行为与组织的优先战略相一致，促进企业战略的实施和经营业绩提升（Chenhall，2005；Chow and Van der Stede，2006；Ittner，Larcker and Randall，2003）。

经济利润主要以经济增加值（economic value added，EVA）进行量度。EVA 业绩评价从两个方面对传统业绩评价系统进行了改进：第一，为真实反映企业价值，EVA 从客观角度出发对财务报表相关信息进行了适当调整，从而在一定程度上减少了企业经营者利用会计政策选取裁量空间进行利润操纵和财务报表粉饰的行为。第二，EVA 考虑了股权的机会成本，从而要求企业经营者进行合理的财务规划和管理，将企业的资金尽可能投放于能够产生最大净现值的项目中，促进了资本使用效率的提高。

非财务指标具有良好的前瞻性与价值相关性，可以有效地弥补财务指标的不足，因而非财务业绩评价作为针对传统业绩评价系统的革新日益引人瞩目（胡奕明，2001；王克敏和姬美光，2006）。学者们相信非财务业绩评价能够使管理者行为与组织的优先战略相一致，从而促进企业战略的实施和经营业绩提升（Chenhall，2005；Chow and Van der Stede，2006；Ittner，Larcker and Randall，2003）。在学者们的大力推广下，非财务业绩评价借助平衡计分卡等管理创新在许多企业广泛施行开来。

然而，业绩评价创新和变革的效果并不令人满意。

即使不考虑经济利润指标复杂的计量，其理论基础也受到了诸多质疑。尽管很多公司把经济利润评估系统视为战略导向，但仍有学者质疑经济利润评估仅仅是关注结果（经济利润），而不是把充分理解这些结果作为目标（Ittner，Larcker and Randall，2003），经济利润评估很少能在财务业绩需求和增长机会的权衡中提供指导。经济利润评估仍然是一种依靠历史收入的方法，不能对未来的收益和股价变化作出预计（Koller，Goedhart and Wessels，2010；Otley，1999）。经济利润指标甚至有可能驱使经理们关注短期财务业绩，而忽视了对企业创新能力和员工技能的长期投资（Koller，Goedhart and Wessels，2010）。在实证调查中，学者们也未能发现经济增加值显著优于传统业绩指标的可靠证据（孙铮和吴茜，2003；王化成、程小可和佟岩，2004）。

哈森等（Hassan et al.，2005）针对91家企业跟踪调查之后发现，在实施非财务业绩考核五年之后，仅有53家企业保持使用，38家企业放弃（放弃者约占总数的42%）。伊特纳等（Ittner et al.，2003）对一家领先的全球金融服务提供者 Global Financial Services（GFS）公司的平衡计分卡使用情况进行了全面细致的实地研究，详细记录了该公司如何努力推行和调试平衡计分卡却最终回归财务业绩评价的全部过程。

为何被学界一直看好的业绩评价创新会在实践中折戟沉沙，中国企业的业绩评价实践是否也有相似的问题，中国企业业绩评价究竟面临哪些挑战，本章将一一进行探讨。

第一节　中国企业业绩评价实践中出现的问题

对于中国企业的业绩评价实践中出现的问题进行全面深入的调查，需要巨大的工作量，由于行业与地域的广泛性、复杂性，这种调查未必符合成本效益原则。而对特定企业进行调研，发掘业绩评价存在的问题，虽然能够取得具有启示意义的成果，但是有失偏颇，无法全面、恰当地反映中国企业当前业绩评价实践的一般情况。

在权衡成本与研究意图之后，本书最后决定采用文献研究的方法对特定时段的涉及中国企业业绩评价的文献进行归纳和梳理，从中推断出中国企业业绩评价问题的一般情况。具体程序和理由如下：

第一步，本书首先在中国知网上以"业绩评价"为关键词搜索①，而后择取 2005 年至 2013 年 12 月（下同）的所有相关文献，共计 190 篇。选取 2005 年以后的文献进行整理是为了保证结果能够反映中国企业业绩评价实践的一般情形，不至于使结论过于滞后而缺乏时代意义。

第二步，在 190 篇文献中选取以企业业绩评价实践为研究对象的案例研究或实地研究，共计 48 篇。选取案例研究或实地研究是为了取得第一手的资料，规范研究以及大样本的经验研究是抽象整理或者统计汇总后的结果，本书无法识别这类研究所提及问题的频度与普遍性，所以将之剔除。但规范研究以及大样本的经验研究为本书提供了丰富的理论成果，在梳理中国企业业绩评价实践中出现的问题时给予了本书以启示与帮助。

第三步，细致阅读和分析遴选出的 48 篇业绩评价文献，根据本书研究目的对重要的实践问题进行统计分析。

一、中国企业业绩评价实践问题的总体描述

在针对最终选取的 48 篇文献进行系统梳理以后，本书将文献中描述的业

---

① 本书也曾尝试使用诸如"绩效评价""业绩评价""业绩考核"等关键词进行搜索，尝试性地梳理分析表明结果并无显著差异。

绩评价实践中所面临的问题归纳和整理为 14 个小类，这 14 个小类又可归属于五个大类问题，即绩效指标选择问题、绩效指标质量问题、绩效指标权重问题、业绩评价制度与人事问题、业绩评价结果的运用和激励问题。表 2-1 列示了在这 48 篇文献中，每一类问题出现的频数与频率，出现频率最高的问题则意味着该问题在业绩评价实践中较为普遍，同时也意味着对这一问题的解决诉求也较为急迫①。

表 2-1　　　　　　　当前中国企业业绩评价实践中面临的问题

问题	频数	频率（%）
指标数量过多，考核主体无法理解或信息冗余	4	8
指标数量过少，无法全面地反映考核对象业绩	3	6
指标选择不当，无法反映考核对象绩效或贡献	17	35
指标趋于雷同，各部门缺乏个性化的量度设计	6	13
绩效指标选择问题	**23**	**48**
技术条件受限，重要或关键绩效指标难以量度	8	17
客观指标匮乏，主观指标受心理因素干扰严重	12	25
考核标准模糊，考核目标或标准设置不够合理	13	27
缺乏目标一致，子部门目标设置与集团相背离	9	19
业绩评价质量问题	**24**	**50**
指标权重不当，绩效指标重要性未能得到体现	7	15
绩效指标权重问题	**7**	**15**
考核人员问题，技术不精、态度不正或操作不当	12	25
考核制度问题，缺乏监督、沟通不力或反馈不足	11	23
考核缺乏公正，考核结果不能为考核对象所信服	6	13
业绩评价制度与人事问题	**20**	**42**
考核得分趋近，考核对象绩效工资无实质性差距	8	17
考核结果运用不当，考核对象缺乏绩效改进激励	19	40
业绩评价结果运用和激励问题	**22**	**46**

资料来源：根据相关文献归纳整理。

---

① 由于一篇文献可能同时提及多个小类问题，因而在汇总统计大类问题时，不能将其包括的小类问题频数简单相加，需要剔除重复出现的文献观测，从表 2-1 可以看到这一点。

第一大类问题，即绩效指标选择问题，由四个小问题组成，其中，前两项是指标数量问题，后两项则是具体的指标选择问题。由表 2 - 1 结果可以看到，只有少数案例在指标数量问题方面出现疑问，更多问题则源于指标选择不当，提及这一问题的文献约占总数的 35%。"部门指标趋于雷同，各部门缺乏个性化的量度设计"选择问题的一个方面，之所以单列，是由于实践中企业用同一张考核量表同时测度研发、生产、财务、营销等不同职能部门的现象特别严重（拜啸霖和曹兆红，2010；蒋晓林，2010；王斌贤和马小强，2007；周惠钦、李艳、李吟芬等，2011），单独列示意在强调这种错误做法的普遍性。

第二大类问题是绩效指标质量问题，也由四个小问题组成。质量问题源于测量技术准备不足、主观评价时的心理因素干扰以及目标设定困难。在所有业绩评价问题中，质量问题最具普遍性，从汇总统计也可以看到，有一半的案例企业都将质量问题视作业绩评价未达预期的原因。具体而言，主观评价问题和目标设定问题在其中尤其引人注意，这两项问题出现的频率均超过了 25%。主观评价极易遭到诟病，面对无法令人信服的评定结果，考核对象有可能将精力放在与考核人员的争执内耗上，许多企业的业绩评价因此而难以贯彻（蒋晓林，2010；李崇岸，2005；向志虹，2009）。目标设定或者考核标准设定问题的普遍性是颇为令人意外的，从文献的表述来看，业绩评价中的考核目标或标准的设定并没有固定的模式，交由考核对象自行设定目标容易产生目标设置过低而缺乏激励的现象，而由上级设定目标则可能导致目标不切实际或者产生棘轮效应（陈三艳和袁乐平，2008）。在某些时候，主观评价问题甚至与考核标准问题相互粘连，带来更多的业绩评价失真问题，典型情形是考核人员根据亲疏远近对不同考核对象划分不同标准，这直接导致了考核质量的低劣和业绩评价失灵（乔凤珠，2011）。

第三大类问题是绩效指标的权重分配问题。在大多数业绩评价中，对于多维度的业绩评价指标（包括财务指标和非财务指标）进行汇总得分都是必经流程，在计算最终的绩效得分时，权重的分配是至关重要的一步，这同时也是大部分业绩评价实证研究关注的重点。本书将之单独归为一类问题的原因正在于其理论地位的重要性。然而，从文献梳理的结果来看，权重分配问题在实践中的普遍性并不突出，仅有 15% 的文献直接提及这一问题。可能的解释是权重问题被隐藏在其他问题之中，比如被许多文献提及的主观指标问题可能也含有对主观指标分配过多权重的指责。即使考虑到这些因素，权重分配问题在学者们心中的重要性与实践中所表现出来的重要性似乎也有相当差距。

第四大类问题涉及执行业绩评价的制度和人事设置。这一问题的某些方面颇为学者们所重视，研究已证实，良好的沟通、信任和公正感对于业绩评价必不可少（Korsgaard and Roberson，1995；Mayer and Davis，1999；Ross，1994；吕菊芳，2010；王化成和刘俊勇，2004；颜志江，2011）。文献调查的结果表明这些考虑颇具现实性，但同时也给予了本书一些新的洞察。考核人员自身胜任问题的普遍性超出了预期，占25%，与之相应的对于考核人员的监督问题也被提出，这引发了一个有趣的问题："谁来考核考核者"。这一问题是以往学者们所不曾关注的。

第五大类问题是业绩评价结果的应用问题，其中，尤其引人注意的是"考核结果运用不当，考核对象缺乏绩效改进激励"，在所有14个小类问题中，对这一问题的描述最具普遍性，40%的案例均有提及。这表明经过千辛万苦最后统计获取的考核结果并未得到很好的使用，在案例中表述最多的情况就是，考核结果沦为工资计算的工具，考核对象不能从中获取任何改进业绩的启示和动力，考核人员则陷入无休止并且无效的业绩评价工作中（申林，2005；钟孟光，2006）。事实上，许多案例均提及最终的绩效得分区分度极小，以之为基础的薪酬差距也非常微弱，这导致了努力工作的员工心理受挫，业绩评价的激励严重不足（拜啸霖和曹兆红，2010；王玉、李刚、王启军等，2010）。

二、业绩评价不当的恶果

针对业绩评价的问题所做的描述，或许尚不足以使读者意识到这些问题的严重性，本书将通过文献对于业绩评价的评判来反映不当的业绩评价所导致的恶果。

在最终选取的48篇文献中，有12篇文章是针对企业业绩评价的成功经验所进行的推介或中立描述，剩余36篇文献则是对企业业绩评价失灵原因所做的归纳和分析，占文献总数的 75%。文献中反映的结果是在推行业绩评价过程中，不成功的情况居多，成功的居少。考虑到企业或咨询公司避免宣扬失败案例的倾向，业绩评价实践所面临的问题或许比本书列示的统计结果要严重得多。

文献对不当的业绩评价使企业招致的恶果也有具体的描述，其中，有两类现象非常严重：一是业绩评价实施后，因未妥善考虑员工的心理反应、激励不足或者评价不公导致优秀员工受到孤立，甚至流失。在业绩评价中，"考核得分趋近，考核对象绩效工资无实质性差距"使得优秀员工无法从工作中脱颖而出，积极性受挫，最终选择离职。而对于许多具有较高协作性的任务和工作，部分企业又引入业绩评价，强制性区分出绩效差异，这直接导致同级别员工薪酬差异过大，薪酬较低者对薪酬较高者心生怨念，在随后的合作中向绩效先进者施与更多工作压力，甚至不予配合，在此情形下，优秀员工往往因为不堪压力重负而选择离职（石建，2011；王玉、李刚、王启军等，2010）。二是考核对象将业绩评价视作单纯的奖惩工具，将大量精力放在与考核人员所做的博弈上面，通过私人关系游说考核人员或者采用极端手段向考核人员施加压力、讨价还价，大量的资源和精力消耗在企业内部政治斗争过程中，业绩评价成为考核人员的沉重负担（钟孟光，2006），这对于企业价值的损伤也不可估量。

面临这些令人沮丧的结果，部分企业往往提及放弃业绩评价，回归原有的业绩评价体系，许多企业的业绩评价最终沦为一种形式，在企业管理中完全背离了其最初的设想（拜啸霖和曹兆红，2010；陈华，2008；钟孟光，2006；周惠钦、李艳、李吟芬等，2011），而个别企业则最终放弃了业绩评价方案（周学军和易蓉，2008）。

三、对文献统计结果的稳健性分析

针对文献中的案例或实地研究进行归纳得出的统计结果可能有三个缺陷：一是文献所反映的问题具有滞后性，不如实地调研的结果直接取自当下，则结论具有时效性。二是文献无法穷尽丰富实践中所呈现和暴露的有关业绩评价的所有问题，结论具有片面性。三是文献所罗列的问题缺乏理论一致性，各个问题缺乏一致的逻辑关系，并且由于各个作者的提问方式差异导致各个问题具有重复性。

图 2－1 列示了本书所考察的 48 篇文献在各年度的分布情况，本书择取的文献年度区间为 2005～2012 年，其中，2012 年有三篇文献，但因 2012 年尚未完结，列入图 2－1 中可能会引起图形趋势的误导，故仅在图 2－1 描述了 2005～2011 年的文献分布。由图中可以看到，业绩评价的案例与实地研究数量大体呈现上升趋势，这与本书在实践中的观感是一致的。由于越是趋近当前的年份，文献数量越多，所以本书从 48 篇文献中归纳出的问题是具有时效性的。

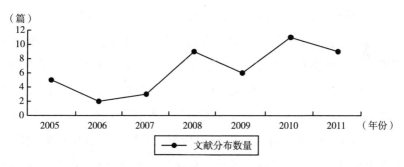

图 2－1 第二章所涉及文献的年度分布

图 2－2 列示了企业业绩评价的基本流程，绩效指标的选择、量度、权重分配与考核结果的运用依次发生，并且由业绩评价的制度与人事设置进行保证。这与本书归纳出的五大类问题一一对应，本书所列示的问题涵盖了业绩评价的一般流程，这表明本书的统计结果具有一般性，并且通过对问题出现频率的统计也可以很好地反映各个问题的严重性与普遍性。

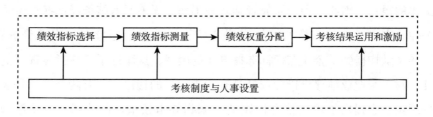

图 2－2 业绩评价的基本流程

因此，本书的结果对于中国业绩评价实践所出现的问题所做的统计描述具有相当的代表性，尽管其中一些结果可能与理论学者关注的重点并不一致。这种不一致主要源于理论研究与实践的脱节，这些问题对以往的业绩评价研究提出了挑战，因为现有的研究仅仅取得了初步的进展，而无法彻底解决这五大问题中的任何一个。

第二节　业绩评价研究所面临的挑战

由上述分析可以看到，在业绩评价实践中的各个环节均存在着不同程度的问题，本书按照业绩评价的基本流程将之分为五个大类。当本书尝试从现有的研究成果中寻求解决方案或者启发时，却发现学者们对于这些问题的研究虽有深浅之分，但总体上无力彻底解决其中任何一个问题。业绩评价的实践为现有的研究提出了严峻的挑战。对应五大类问题，本书从中提炼并整合出如下五项挑战：考核指标选择缺乏可执行的理论指引、非财务指标质量的决定因素不明、绩效指标权重分配细节研究匮乏、对业绩评价中的人文因素重视不足以及对业绩评价结果应用的研究不足。

一、考核指标选择缺乏可执行的理论指引

任何组织进行业绩评价的第一步工作就是选择恰当的业绩评价指标，考核指标的选取是后续工作的前提和基础，在这一步稍有差池便会动摇整个业绩评价工作的根基。因此，理论研究者和实务工作者无不对考核指标选择给予了极大关注。本书对文献分析的结果表明考核指标选择问题具有相当的普遍性，48%的文献均提到了企业在指标选择方面的困惑，这印证了考核指标选择的重要性。对于企业业绩评价指标选择具有指导意义的理论主要有两个：一是委托代理理论，它提出了用"信息性原则"来指导考核指标的选择；二是组织分权理论，它为考核指标的选取提出了"可控性原则"。

委托代理理论认为任何能够为代理人行动提供增量信息的业绩评价指标都

应在考核代理人业绩时纳入考虑范围，这种多维度的考核能够全面监测代理人，避免其有偏地推高单一指标而损害委托人利益（Holmstrom，1979；张川和潘飞，2008）。这一理论的表述简洁而且优美，遵循这一理论，只需将所有涵盖代理人信息的指标放入考核量表即可，这便是"信息性原则"。然而，在实践中，这一理论的指导意义非常有限，实务工作者不可能将所有指标纳入业绩评价量表。有研究者曾提到某银行针对基层支行的业绩评价指标有60多个，该银行主要负责人亦坦述并不完全理解这些指标的意义，其考核效果很不理想（黄铁鹰，2010）。行为科学研究表明，人类在进行决策时一般在心理上至多能够处理四个信息单元（Halford，Baker，McCredden et al.，2005），业绩评价中使用过多指标，可能导致考核人员淹没在浩如烟海的数据中，反而不能真正有效利用相关的信息（Neumann，Roberts and Cauvin，2011）。

组织分权理论认为唯有决策者同时具备决策相关的知识才能使资源的使用价值最大化，组织应当在决策者不具备决策所需的专门知识时，将知识转移给决策者或将决策权转移给拥有知识的人（Jensen and Meckling，1995；王少飞、李增泉和朱其芬，2011）。现代企业以专业化分工为主要特征，组织内部进行决策权的层层下放，这种下放可能产生取得权力者滥用权力而危害授权者利益，组织必须建立与分权相适应的业绩评价与激励机制（Jensen and Meckling，1995；Zimmerman，2011）。因此，业绩评价指标的选取并非越多越好，但要与对考核对象的授权程度相匹配，即考核对象需要对其有权影响的绩效指标负责，这就是考核指标选择的"可控性原则"。这一原则相较于信息性原则在管理会计实践中应用更广，但仍然面临着极大挑战。比较典型的问题是，总部绩效指标是否应纳入分部经理考核量表中，由于分部经理不能完全左右总部业绩，但确实会对之产生部分影响这一客观事实的存在，对于分部经理如何考核尚无定论（Indjejikia and Nanda，1999）。

学者们对于业绩评价指标的研究不遗余力，但当本书仔细回顾相关理论并试图解答现实问题时，却发现逻辑严谨的理论推导在实践中的可行性受到挑战。"信息性原则"和"可控性原则"作为长期以来业绩评价指标选取的主要指导原则并没有严谨的实证研究对之进行检验，研究者们尚不清楚哪一原则更具有现实可行性，也不知道在哪些环境、战略和组织特征下更适用"信息性原则"或者"可控性原则"。或许"信息性原则"与"可控性原则"都只是过渡阶段的研究成果，实践中需要新的理论对考核指标的选取进行指引，从目前来看，业绩评价指标选择仍是业绩评价研究所面临的重要挑战。

二、非财务指标质量的决定因素不明

非财务指标质量的重要性不言而喻，它直接影响到考核指标的权重分配和薪酬方案的激励效果。若薪酬契约构建基于精确、敏感和与组织目标一致的高质量考核指标，则委托人则可以向代理人施予更强的激励（Bouwens and van Lent，2006）。当用于考核代理人的绩效指标质量足够优良时，也有利于委托人向代理人授予更多决策权，从而使双方共享决策权与知识匹配所带来的资源有效利用的收益（Moers，2006）。一旦绩效指标质量出现问题，企业价值受到的损伤也是极其严重的。因此，许多实务工作者将"准确地量度非财务绩效指标"视作业绩评价成功实施的首要条件（Deloitte，2009），与实务界的观感类似，学者们也认为业绩评价失败的最常见原因就是错误地计量了非财务指标（Ittner，Larcker and Meyer，2003）。这与本书对文献分析的结果也是一致的，从表2-1可以看到业绩评价指标的质量问题在所有五大类问题中最为普遍，占文献总数的50%。

学界对这一重要的概念进行了深入的探讨，依托委托代理理论，学者们将能否较好地反映代理人行为信息作为高质量业绩评价指标的标准，进而将考核指标的质量区分为三个维度：一是精确度，即能够准确反映代理人努力程度；二是灵敏度，即能够紧随代理人努力程度变动而变动；三是目标一致性，即考核指标增减能够与组织真实绩效升降相一致（Banker and Datar，1989；Datar，Kulp and Lambert，2001）。学者们还指出，对于质量优良的考核指标（精确、敏感或目标一致），在业绩评价中应当给予较多的权重（Banker and Datar，1989），这一结论极具现实指导意义。

尽管有如上贴近现实的理论研究成果，当本书针对实践中所出现的问题逐一审视时，仍然能够发现当前研究的诸多空白。在给定测量技术限制下，学界无法回答如何提升重要的非财务指标的质量。对于主观性的非财务考核指标，学者们也无法解答如何避免其中的心理因素干扰。而考核标准或目标的设定问题与预算研究密切相关，学者们聚焦预算松弛、预算参与或预算重视等情景变量对于预算效果的影响，但是，当实务工作者尝试实现预算参与时，他们经常发现考核对象与考核人员讨价还价、纷争不断（钟孟光，2006）。

除去极少数例外，学界对于非财务指标质量研究的最大贡献就是从理论上论证并实证证实了非财务指标质量的重要性。但这些研究对如何提升考核指标质量这一问题贡献甚少，文献中也很少探讨考核指标的质量究竟受到哪些因素的影响。无疑现有的研究仅仅是初步的，对于非财务指标质量的深入理解需要业绩评价研究者们的持续努力。

三、绩效指标权重分配细节研究匮乏

绩效指标权重分配是业绩评价系统至关重要的一环，因为在对考核对象进行评价时最终还是要取得汇总得分，以期能够使得各个考核对象的绩效结果可比，而在计算汇总得分时，各个指标因重要程度或质量高低存在差异，权重分配必需悉心考量。在国内外的学术研究中，非财务指标的使用权重研究是业绩评价研究中的一个重要领域。然而，本书的文献调查却发现实务工作者对于权重分配问题的关注程度要远远小于其他四类问题，仅有15%的文献提及权重分配问题。在这一点上，理论研究者与实务工作者对于业绩评价的重点环节的判断似乎有所差异。

虽然学者们对权重分配问题进行了细致研究，但面对实践中的疑问，现有的研究成果也并非可以轻松应对。在有关非财务指标权重分配的研究中，一个经典的框架是影响因素—非财务指标使用权重—经济后果（见图2-3）。为了便于大样本的实证，学者们开发了非财务指标使用量表（Hoque，Mia and Alam，2001；潘飞和张川，2008），这类量表的优点是涵盖了大部分企业业绩评价中可能运用到的各类考核指标，便于在问卷调查时填写者根据行业属性和企业特质提供考核指标的使用信息，继而通过因子分析等统计技术提取出企业对非财务指标依赖程度或重视程度的汇总得分，一般非财务指标使用权重，这一汇总得分的优点就在于将原本不可比的各个企业对于非财务指标千差万别的使用变得可比。这种标准化的量度方法极大地便利了问卷研究的进行，为我们积累了丰富的研究成果。比如，我们已经知道，当企业面临的环境具有较大不确定性、市场竞争程度较高或采取差异化战略时，业绩评价中应当使用更多的非财务指标，从而使取得较好的绩效（Abdel-Maksouda, Dugdaleb and Luther, 2005；Chenhall and Langfield-Smith, 1998；Govindarajan, 1984）。

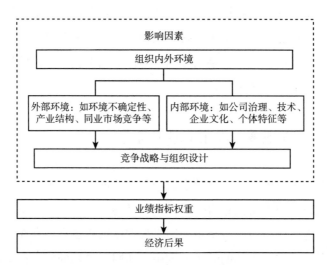

图 2 - 3　非财务指标权重分配的典型研究框架

但是这种标准化的汇总量度同样存在着极大问题，由于它抽象化了企业对非财务指标的使用差异，我们无法从非财务指标的使用权重中窥探出具体指标信息。面对作者提供的非财务指标使用权重得分，我们无法从中知悉非财务指标的使用数量，更无法知道究竟使用了哪些具体的非财务指标。当学者们指出，面对高度的竞争环境应增加非财务指标的使用，我们唯一确定的就是增加使用非财务指标，至于是具体增加哪一或哪些非财务指标的使用权重，我们对此一无所知。因此，这种研究对于实践的指导意义还是有待加强的。

当然，学界对于非财务指标权重的研究也有不落窠臼、脱离俗套者。伊特纳等（Ittner et al., 2003）对一家金融企业进行了实地研究，在跟踪调查中，他们获取了大量的一手资料，对于绩效指标的权重分配从多个理论角度进行了深入而富于启示意义的考察。但总体而言，对于绩效指标权重的分配细节，学者们还需要进行更进一步的考察工作。

四、对业绩评价人文因素重视不足

业绩评价的实质就是促进委托人与代理人的信息交流，考核制度建设无论如何完善，业绩评价的成功最终还是依赖于人的参与。创新产品的市场行情、成本控制的标准制定、基层员工的努力程度等信息的识别、处理和传递无不渗透着主观裁量，必须依靠一线人员的细致考察和坦诚披露，方可为决策者提供最为有用的决策信息。从文献分析中可以发现，除绩效指标选取、量度等技术性问题以外，业绩评价中人为问题导致的业绩评价失败也颇为普遍，本书调查的文献中有42%的高比例提及了这一问题。

学界对此也非常重视，他们认为沟通、信任和公正感对于成功的业绩评价不可或缺（Korsgaard and Roberson，1995；Mayer and Davis，1999；Ross，1994；吕菊芳，2010；王化成和刘俊勇，2004；颜志江，2011）。相关的实证研究通过构建问卷量表对企业内业绩评价的沟通情况、信任和公正感进行调查，进而探讨这些变量与企业绩效或员工对业绩评价满意度的关系（Fulk，Brief and Barr，1985；Suh，1999）。这种量表的好处在于方便实证研究的执行，但其缺陷也很明显。沟通、信任的构建和公正感的形成是一个动态过程，而问卷调查的结果是一个对静止状态（沟通的感觉、信任的当前状态和公正感的当前状态）的描述，即使我们从实证研究得知这些变量的重要性，我们依然无法得知如何构建良好的沟通、信任和公正感。

值得强调的是业绩评价人员自身的问题，本书调查的25%的文献中提到了这一问题。与实践中对于考核人员的重视相比，学界缺乏对考核人员素质如何影响业绩评价效果的相关研究。这是一个令人颇为诧异的研究缺失，或许这部分研究可以隐藏在沟通、信任和公正感的研究中进行，但这一研究空白非常不利于我们对于业绩评价的深刻理解。从实践中来看，这一课题尤其急迫，许多文献提及，企业制订的业绩评价方案在实施过程中发现的问题因缺乏监督和纠正机制，在下一期考核中又重复出现（拜啸霖和曹兆红，2010；蒋晓林，2010；张丽，2012），"谁来考核考核者"这一问题至今无解。

业绩评价中的人文因素随处可见，特别是中国这一国家具有典型的人情文化色彩，这导致中国企业偏重主观业绩评价。因此，中国企业在业绩评价中构建透明、公正、沟通流畅的机制尤其必要，对于业绩评价者进行监控的问题也显得尤其急迫。然而，现有的研究在这些方面能给予我们的指引却显得非常不足。

五、对业绩评价结果应用研究不力

业绩评价结果的应用是业绩评价的最后一环，也是其实现价值的一环。在这一环节出现了问题，是对之前进行的大量工作的直接否定，也是对企业管理资源的极大浪费。恰恰是在这样一个重要环节，本书的统计结果发现竟有40%的调查企业出现了考核结果运用不当的问题，在所有具体问题中，这一问题出现的频率最高。许多企业根本不清楚业绩评价的真正用途，或者将其简单视作决定员工工资的工具，或者为之设定了多种职能，想凭借其解决企业所有问题（申林，2005）。

学界对业绩评价的用途问题关注已久。由于面临着高度的不确定性，现代企业急需构建起既能提供相关信息以支持决策制定，又能激励职员以落实既定决策的业绩评价体系（Armesh，Salarzehi and Kord，2010），这就要求业绩评价具有两项用途：一是为计划和决策提供必需信息；二是激励个体采取战略一致的行动，这两项用途又可分别被简称为辅助决策（decision facilitating）和影响决策（decision influencing）（Demski and Feltham，1976）。学者们对于业绩评价能否同时实现这两项用途是有争议的，一些学者认为业绩评价只能在辅助决策和激励代理人这两项用途中着重一点，不能同时兼顾；另一些学者则认为为决策提供相关信息的业绩评价指标经过简单调整之后即可用于计算经理人薪酬（Zimmerman，2011）。

这种争议给业绩评价实践带来了混乱。新近的研究倾向于在业绩评价时针对不同用途使用不同考核指标（Luft，2009）。典型的例子是专利数量这一非财务指标，由于专利数量可能是前任研发经理作出的成果，因此用这一指标确定现任研发经理的薪酬是不合适的，但是，专利数量代表着企业的创新能力，对于企业未来的业绩有着良好的指示作用，因此，当对企业未来发展进行决策时，它是一个重要指标。然而，并非所有的非财务绩效指标都能如此清晰地区分其恰当的用途，比如客户满意度在辅助决策和激励经理人这两方面似乎都非常重要（Anderson and Sullivan，1993；Fornell，1992；Hennig and Klee，1997）。现有的研究还无法回答业绩评价指标的两种用途究竟如何权衡。

第三节　对于中国企业业绩评价研究的反思

本书通过对文献的梳理归纳出了五类业绩评价实践中亟待解决的问题，当本书试图通过回归理论去寻求这些问题的答案时，却发现当前的理论与研究竟无法彻底回答其中任何一个问题。理论与实践的脱节导致学者们难以正当化业绩评价的存在价值，对业绩评价较为极端的质疑方式是抛弃业绩评价，恢复传统的财务业绩评价方案，业绩评价的研究正面临着极大的挑战。由于理论研究者难以向实务工作者提供可行的解决方案，许多企业在出现业绩评价失灵时，往往诉诸咨询专家寻求解答。查阅相关咨询案例，咨询专家给出的解决方案往往是头痛医头、脚痛医脚，并不探究问题的本源。尽管其中不乏真知灼见，但是缺乏系统的理论基础，难以为后来的研究者所借鉴。

齐默曼（Zimmerman，2001）批评伊特纳等以咨询公司使用的实务导向的框架综述管理会计领域的相关研究（Ittner and Larcker，2001），认为管理会计研究在过去十年间缺乏突出的理论进展，也缺乏精巧地贴合企业管理会计实践的研究设计。如今，当我们再一次梳理业绩评价相关的文献时，依旧面临相似的问题。对于业绩评价实践中出现的问题，理论界的表现依旧是乏善可陈，于是，当企业设计业绩评价方案时，他们往往聘请人力资源专家，而与管理会计学专家却渐行渐远。

管理会计的兴起，在很大程度上应归功于杜邦财务分析体系和通用汽车公司内部会计改进这两项管理创新的推动（Johnson and Kaplan，1987）。学者们往往诟病案例研究或实地研究的场景局限性，批评其结论的狭隘性，并质疑其研究价值，进而主张采取大样本的实证研究。大样本研究当然有其优势，但却与管理会计诞生时所使用的研究方法迥异。大样本研究依赖于变量的构建与计量，而管理会计数据则往往涉及企业经营的特质信息，不仅难以提取，也难以度量。学者们不得不依赖描述性的问卷数据，这种数据的好处是可以将原本不可比较的企业特征变量处理成可比数据，但其缺陷也尤其明显，那就是无法还原每一个调查企业的管理细节。正因如此，我们在回顾文献时，往往发现对于许多重要的问题，学者们并非没有关注，但是学者们对这些问题的探讨过于抽象和模糊（如环境不确定性、非财务指标使用权重等），其结论难以被直观地理解和有效地操作。这既是研究方法的局限所致，又与研究者对现实的洞察太过贫乏有关。

业绩评价的考察依赖于系统的观念，诸如单纯探讨业绩指标使用权重的研究议题，尽管重要，但对我们全面理解中国业绩评价的贡献实在有限。业绩量度、激励设计和权力配置是组织中三个交互影响的联动系统，基于这一考虑，本书将业绩量度、激励设计和权力配置同时纳入考察框架，实证探讨这三者之间的交互影响。然而，仅仅完成这一工作还是缺乏中国的制度特色，因此，本书将引入差序格局的概念，从差序格局的视角整合这三项企业组织的重要构面。通过如上工作，本书可以对中国业绩评价实践中出现的问题进行理论上的解释，并能够在一定程度上为业绩评价实践提供启示。

第三章

理论基础与文献回顾

第一节　理论基础

　　尽管本书考察了多个领域，对多个变量之间的因果关联进行了交叉比对，但本书仍可以使用三条线索进行串联，换言之，本书的所有假说推导均可以追溯并嵌入如下三条理论脉络：第一条理论线索为，分权必须要与相应的控制机制相适应（Jensen and Meckling，1992；洪剑峭，1998）；第二条线索为，正式制度的不完备，可以借由非正式的制度尤其是特定的人事安排进行修缮（Pamuk，2000；Wang，2000；钱穆，2012）；第三条线索为，在某项交易中对交易结果影响更大的一方对交易结果的剩余索取权份额也应越大（Barzel，1997）。当然，为求佐证本书相关的假说，本书所使用的理论工具包括但不限于上述三项。但本书仍然力求所有假说都可以由现行的经济理论进行推导得出，因为经济理论具有广为接受的人性假设和较为严密的逻辑论证或数学论证，这便于本书在假说推导中专注于逻辑的论证。为求给读者以清晰的印象，本书将以标准的经济学理论文献结合本书研究的业绩评价议题进行归纳和整合，行文将按照上述标注的理论脉络顺序进行。

一、组织设计、分权和业绩评价

　　组织是相对于市场而言的一种生产安排方式，特点在于通过科层安排，由一个权威统一计划生产。组织的优势在于存在权威可以作出最终的判定，在解决组织内部契约纠纷时比市场更有效率（Williamson，1973）。然而，人的信息处理能力是有限的。哈尔福德、贝克、麦克里登和贝恩（Halford，Baker，Mc-Credden and Bain，2005）认为，人类在进行决策时一般在心理上至多能够处理四个信息单元（Halford，Baker，McCredden et al.，2005），对于庞大的组织而言，初始权威无法决断组织所有事项，这就产生了分权问题。那么，权力应按照何种标准向下分配呢？

海克（Hayek，1945）提出经济效率取决于权威和对支持决策所需知识（信息）之间的匹配程度，如何最有效地利用分散在人群中的知识是制定经济政策或设计高效经济体制的核心问题。顺承这一逻辑，有效的组织应当将权力分配给有相应知识的人，或者为有权力的人提供培训以使之具备相应知识（Jensen and Meckling，1992）。然而，拥有专业知识者往往与委托人目标不相一致。因信息不对称，拥有专业知识者在执行任务时，委托人无法准确区分和度量其真实努力度，这便产生了委托—代理问题（Jensen and Meckling，1976）。为解决这一问题，组织需要设计相应的控制机制，以引导代理人的行为，使之与组织目标相一致。

组织设计的两大议题就是组织负责人向组织成员进行分权及进行相应的控制设计。为解决分权带来的控制问题，组织需要引入业绩评价机制以反映分部经理人运用决策权产生的成果（Jensen and Meckling，1992；Wruck and Jensen，1994）。虽然如此，业绩评价机制的用途并不限于控制，这一机制还包括决策支持职能（Luft，2009；van Veen-Dirks，2010；Zimmerman，2011）。分权的程度要求业绩评价的控制职能必然有所加强，但我们尚无法推断出分权对业绩评价的决策支持职能有何影响。分权同样对业绩评价的质量有所要求，业绩评价唯有精确、敏锐并具有可靠的质量，才能够约束经理人使用其扩展的权力谋取私利（Moers，2006）。

业绩评价是控制设计的基础，激发代理人经营热忱还需要将业绩评价与薪酬制定挂钩。通过对业绩评价体系进行设计，将薪酬与业绩进行不同类型的挂钩和连接，可以有效提取员工的私有信息从而解决职员的逆向选择问题；将广泛的奖励手段与业绩进行结合，形成的激励方案也可提升职员的努力水平，解决道德风险问题（Sprinkle，2003）。

二、差序格局、信息沟通与缔约

差序格局是费孝通对于中国社会人际关系的一种描绘,因其契合国人社会经验,而为众多社会学者推崇和拓展。其中,以罗家德所绘制的"差序格局下的个人社会网示意图"最为形象(罗家德,2007)。他认为,中国人的社会关系是一种由中心自我开始按照家人、熟人、生人和陌生人依次推远的模式。这种模式清晰地描绘出了中国式人际交往的特征。当学者们向企业管理实践深入探寻差序格局的投射影像时,他们发现中国企业管理中的权力设置、利益分配和业绩考评无不体现着差序格局的深刻影响(青平和钟涨宝,2003;郑伯埙,1995)。

企业行为是经济学和管理学共同关注的重点。当社会学对企业中差序格局的探讨蔚然成风之时,中国经济学界和管理学界却对之研究甚少。这就不得不引人深思。本书以为核心原因有两点:第一,对于差序格局这一概念的描述和计量,现有的研究是缺乏的。研究企业中的差序格局,需要清晰描述企业管理中以管理者为中心的社会关系网络。这一工作的困难在于"关系"的隐蔽性。家人相对容易识别,但是熟人如同学、同事、同乡、同姓、同好、同行、同年、同袍以及同宗则需要大量深入的访谈和资料收集才可获取。网络信息可获得性的提升有效地降低了这一难度。也有管理学家另辟蹊径,构建问卷间接量度"关系"这一变量(Law, Wong, Wang et al., 2000; Yen, Barnes and Wang, 2011)。第二,现有研究缺乏连接社会关系和标准经济学理论与管理理论的合适桥梁。差序格局的研究尚停留在实地研究或案例描述阶段。由于方法的局限性,社会学者尚无法提供令人信服的规律性命题和结论。经济学者和管理学者尽管手握比较有效的数理工具,但是难以将"关系"引入标准的经济学框架。

如何找到经济管理学界对于差序格局研究的突破点,我们可以转换一下思考的角度。差序格局表面上展现出的是"关系"格局,实际上与关系格局相伴随的还包括人际间的信息沟通格局和信任格局。越是接近于自我的关系网络,信息沟通越密切,信任程度越高(童志锋,2006),信息不对称程度也越低（雷宇和杜兴强，2011）。这种连接可以将差序格局放入信息经济学的理论框架下进行考察。此外，关系还可以降低机会主义行为（Ouchi，1980），使得企业的缔约成本变小，这种连接可以将差序格局放入契约经济学的框架下进行探讨。本质上，若以交易作为分析起点，无论是企业内部的组织活动，还是企业对外的经营行为，都可以追溯到一系列契约（Alchian and Demsetz，1972；Jensen and Meckling，1976）。由于人的有限理性和机会主义行为，产生了巨大的交易成本（Williamson，1973，1979）。对私产的保护和法律管制等相应的强制措施可以减少交易成本，促进交易的进行。然而，在新兴市场国家如中国，标准化的契约执行机制和产权保护机制因缺乏相应法律和制度保证而难以施行，企业必须借助于一系列非正式的安排或者组织设计创新来避免高昂的交易成本（Fan，Huang，Morck et al.，2009；Fan，Wong and Zhang，2007）。这种为求生存而寻求的解决方案大致可分为两类：一类是对外诉诸政治关联等以创造出稳定的经营环境和稳固的资源供给（Agrawal and Knoeber，2001；Faccio，2006；Fan，Wong and Zhang，2007；Fisman，2001；Khwaja and Mian，2005；Li，Meng，Wang et al.，2008）；另一类是对内构建正式契约之外的管控机制和采取家族企业形式（Chalos and O'Connor，2004；Memili，Chrisman and Chua，2011）。尽管存在诸多不同的替代方案，一直为学者所关注的解决方案却是构建一种叫作"关系"的无形社会网络（Chen and Peng，2008；Park and Luo，2001；Ramasamy，Go and Yeung，2006；Yeung and Tung，1996）。所谓政治关系不过是具有丰富内涵的"关系"中的一个维度，从企业角度来看，这一关系是对外而言的。深入企业内部层面，我们也可以观测到"关系"在其中运行的轨迹（Zhang and Li，2003）。

与关系相伴而生的有两个概念：一个是关系带来的权利：面子；另一个是关系带来的义务：人情。在契约执行中，关系的意义重大，因为契约执行过程中任何一方的机会主义行为都会带来人情的背叛，失去面子，从而失去这一关系网络中所涉及的所有关系方（Standifird and Marshall，2000）。因此，关系是一种在制度不健全的体制下良好的促使契约履行的替代机制（Xin and Pearce，1996）。

以往的文献对于企业外部关系的构建和后果进行了大量研究（Fan，Wong

and Zhang, 2007；Millington, Eberhardt and Wilkinson, 2005；Park amd Luo, 2001)。但深入企业内部的关系网络及其对组织设计的影响尚未得到考察，本书力图对此进行初步的尝试。

三、产权稀释、租值耗散与最优产权安排

这一小节标题中任一名词，其背后都隐含着一个庞大的经济学研究支流，详细的描述和论证可能需要一本专著才能胜任。然而，本书需要的只是一套工具，本书的任务也仅限于对这三个概念进行系统的组织，进而指出对一项资产（倘有必要也可推广到一个组织）进行有效的产权安排的原则是：对该项资产或组织未来收入流影响更大的一方应当取得针对该项资产或组织未来收入流更大份额的剩余索取权（Barzel, 1997）。

在讨论交易效率时，一个常见的结论是唯有明晰界定产权以后，交易才有效率。这一论断对指导实践是没有太大意义的，现实中的产权从来都不可能完全清晰地界定。因为产权的界定本身就是有成本的，任何资产（乃至扩大到组织）都具有复杂的属性，这意味着产权的完全界定需要对各个属性进行清晰的识别和准确的量度。毫无疑问，按照上述标准，现实中永无可能对于产权给予完全的界定。因此，实践中我们观察到的产权都是有约束的产权，这种约束可能源于技术上的原因，诸如测度产权某一维度属性的困难（典型者如代理人的努力程度），也可能源自外部制度上的限制，如法律、法规的不当限制、政府垄断、价格管制。产权受到约束的情形一般称作产权稀释（De Alessi, 1983；Furubotn amd Pejovich, 1972）。

对应于产权的属性，产权稀释的情形也包括四种：排他性稀释、分解性稀释、转让性稀释、收益性稀释。产权稀释将导致产权中的一部分无法被界定和归属于交易的任一方，这部分产权就被置于公共领域。置于公共领域的产权多寡既受资产本身的属性的影响，也受到交易者数量的影响。但是，即使只有两方交易，未能被准确界定和计量的属性也会被置于公共领域，因此，公共领域总是存在的。一般而言，产权稀释（无论是产权束中的一个子权利被稀释，还是多个子权利被稀释，抑或是全部子权利被稀释）是公共领域出现的充分

条件，即产权只要被稀释，公共领域便会产生。置于公共领域的产权不存在排他性的归属者，因而，自利且独立分散决策的交易各方便会进入产权公共领域中争相分割租值，这其中必然耗费大量交易成本，而这些成本要从待分割的租值中扣除，直到所消耗的边际交易成本等于边际租值收益为止，此时租值将消散为零。实际上，产权被稀释的程度越深，产权公共领域出现的范围就越大，进而租值消散便越严重，即产权被稀释的程度与产权公共领域的范围及租值消散的程度正相关（韩江波，2012）。

租值耗散的逻辑链条就是不可避免的产权稀释导致公共领域的产生，公共领域的产权因其缺少排他性的归属引发交易各方的争夺，交易各方的争夺产生了诸多交易成本，直至交易成本与公共领域的产权价值相等，实现均衡。租值耗散的概念引入是为了给予最优产权安排以铺垫。公共领域的租值耗散本质上是源于交易者利用公共领域的产权而不必负担相应成本。因此，最大化产权价值的产权安排应当最有效地约束无偿利用产权的情况发生。这需要重构和强化产权的排他性，使得落入公共领域的产权尽量少。将更多剩余索取权赋予交易者中更能影响产权未来收入者，这能最大限度激发有能力者完全的投入和奉献，这无疑是最有效的产权安排（Barzel，1997）。

事实上，在企业管理上也一直践行着一个原则，那就是管理人员的权、责、利三者的相互匹配（毛蕴诗、高瑞红和汪建成，2004）。规范运作的企业，决策权力越大的管理者，也往往担负着更多职责，在收益获取上也会有相应的升水。从经济理论的角度分析，倘若无权者名义上拥有资产的产权，而实际有权者运营该项资产，此时，无权者无法有效地保卫产权收益，大部分产权会落入公共领域，而实际有权者由于不具备法理的正统性，他可能采取诸多扭曲的方式掠夺进入公共领域的产权，这其中的交易成本无论是对组织而言还是对社会而言都无疑是一种资源浪费。

组织中的任何一项权利实质上都可以看作产权，所谓控制权（经营决策权或决策控制权）或剩余索取权不过是产权的某一维度的名称。对代理人赋予的决策权力增强也意味着代理人对企业未来现金流的影响力的增强，根据上面的理论，本书可以比较有把握地处理和预测企业内权力配置与代理人薪酬之间的关联。这正是本小节推出该理论工具的意义所在。

四、小结

现有的文献论及分权的控制设计时，认为内源于股权的合法控制权和外部完善的法律执行机制对于控制设计的有效性至关重要。构建与分权相应的规范的业绩评价机制需要对产权提供良好保护的制度背景。然而，由于源于股权的合法控制权不能得到有效执行，产生了许多契约之外的控制机制或者说组织设计创新（Chalos and O'Connor，2004）。这其中就包括"关系"这一非正式机制。企业内委托人与代理人所具有的关系，既可以在无须强制约定的情况下赋予代理人以自由裁量权，又可以通过关系所承载的社会资本来约束代理人可能的机会主义行为。因此，关系也可作为一种与分权相匹配的控制机制。将关系视作一种控制机制并引入实证进行研究，在国内外都属首次。由此入手，本书将可以比较深刻地描绘差序格局背景下中国企业家的行为模式，并对其经济后果进行评判。

由于本书还是着眼于企业的业绩评价，那么，针对以往的学者对于业绩评价所做的研究进行回顾，就是一件必要的事情了。文献回顾的难点是构建一个清晰的逻辑脉络，从而尽可能广泛地串联新近有关的研究成果。得益于现有学者构建的管理会计研究框架（潘飞，陈世敏，文东华等，2010），本书将按照影响因素—经济后果的顺序对业绩评价相关的研究进行综述。

第二节　业绩评价文献回顾之影响因素和执行要点

权变理论告诉我们不存在适用于一切情境下的管理手段（Otley，1980），构建有效的业绩评价系统依赖于对组织所处环境的细致考察，需要管理层明晰不同情境变量对业绩评价系统的影响。实践中，业绩评价未能符合管理层的预期，很可能是因为业绩评价系统与相应的情境不相匹配。这需要我们深入考察业绩评价的影响因素，理解不同情境对于业绩评价系统的影响。

业绩评价的有效性还依赖于业绩评价系统的有效执行。唯有对于业绩指标进行精准的计量且在制定薪酬时赋予适当的权重，才能更有效地监督和激励经理人，提升其努力水平（Feltham and Xie，1994；Holmstrom，1979）。实践中，业绩评价未能符合管理层的预期，也有可能是因为非财务业绩指标权重分配不当或者量度质量较差，未能很好地实现其决策支持和决策影响职能。这需要我们细致探讨非财务业绩指标的权重分配和量度质量，明确业绩评价系统实施过程中的执行要点。

在我国，业绩评价的重要性也日趋明显。2002 年 2 月 22 日，财政部、国家经贸委、中央企业工委、劳动保障部和国家计委五部委修订的《国有资本金效绩评价规则》中包括了经营者基本素质、产品市场占有能力、基础管理水平、发展创新能力、经营发展战略、在岗员工素质、技术装备更新水平、综合社会贡献等八个方面的非财务指标。2016 年 12 月 8 日公布的国务院国有资产监督管理委员会令第 33 号《中央企业负责人经营业绩考核办法》提出对不同功能和类别的企业确定差异化考核标准，实施分类考核。2019 年 3 月 1 日公布的国务院国有资产监督管理委员会令第 40 号《中央企业负责人经营业绩考核办法》多角度构建年度与任期相结合的高质量发展考核指标体系，涵盖效益效率、科技创新、结构调整、国际化经营、保障任务、风险管控、节能环保等方面指标；同时强化国际对标行业对标在指标设置、目标设定、考核计分和结果评级的应用，突出世界一流对标考核。2024 年 1 月，国务院国资委将对中央企业全面实施"一企一策"考核，即统筹共性量化指标与个体企业差异性，根据企业功能定位、行业特点、承担重大任务等情况，增加反映价值创造能力的针对性考核指标，引导企业高质量发展考核指标体系不断健全。

本节细致梳理了现有的实证研究，归纳出不同情境变量对于业绩评价的影响，并深入探讨了业绩评价的两项执行要点：权重分配和量度质量，从而为中国企业构建有效的业绩评价系统提供了有益的启示。随后的安排如下：第一部分构建出业绩评价系统的影响因素和执行要点框架图，以便清晰地列示相关的研究成果；第二部分按照组织内部环境、外部环境、竞争战略与组织设计的顺序梳理业绩评价的影响因素；第三部分考察业绩评价实施过程中的两项执行要点，力图向读者呈现出相关领域的现有研究成果；最后，进行小结和评论。

一、业绩评价系统的影响因素和执行要点框架

本节的研究对象是业绩评价系统，研究问题包括两个层面：一是不同情境变量对于业绩评价有何影响，即业绩评价的影响因素；二是业绩评价执行过程中的两项要点，如何对于非财务指标进行权重分配，以及如何理解和提升非财务指标的量度质量（Luft，2009）。随后将按照这一研究框架（见图3-1）所列示的顺序，对上述两大问题进行逐一考察。

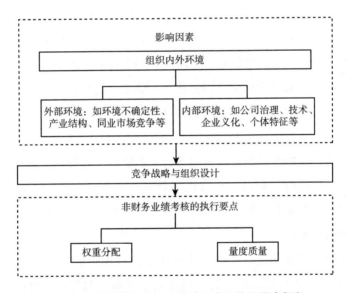

图3-1　业绩评价系统的影响因素和执行要点框架

二、业绩评价系统的影响因素

理论界和实务界都承认业绩评价系统（如指标选用、权重分配、量度质量、考核目标等）随企业所处环境不同而有所差异（Ittner and Larcker，2008；Luft，2009）。对于这种差异的影响因素进行研究一直是管理会计研究中的一个热点（Ittner，Larcker and Meyer，2003）。然而，学者们的研究涉及了广泛的话题和情境变量，对业绩评价的清晰理解依赖于对现有研究的清晰归纳。我

们根据研究综述框架图，按照外部环境、内部环境、竞争战略与组织设计的顺序对相关文献进行梳理。

（一）外部环境

学者们对于外部环境与业绩评价的关系已进行了较细致的研究，他们着重关注环境不确定性、行业竞争环境和产业生命周期等。

戈文达拉扬（Govindarajan，1984）发现，当企业面临的环境具有较大不确定性时，如果采用的业绩评价系统包含多一些的主观估计，企业能取得较高的绩效；反之，绩效较差。而当企业面临的环境具有较小不确定性时，其采用的业绩评价系统如果包含少一些的主观估计，更多地依赖财务数据，则企业能取得较高的绩效；反之，绩效较差。因此，当企业面临的环境具有较大不确定性时，其采用的业绩评价系统应该包含更多非财务数据；反之，当企业面临的环境不确定性较小时，应该更多地依赖财务数据。

布伦斯和沃特豪斯（Bruns and Waterhouse，1975）认为，在一个稳定的环境下，集中的和结构性强的企业特别适合采用财务预算控制，减少非财务指标的使用。与之相呼应，南尼、狄克逊和沃尔曼（Nanni，Dixon and Vollmann，1992）指出：与在动态市场中经营的企业相比，在稳定市场中经营的企业，财务指标的作用更大。

阿卜杜勒 – 马克苏达、达格达莱布和路德（Abdel-Maksouda，D. Dugdaleb and R. Luther，2005）发现那些处于高度竞争环境中的公司对自己的业绩评价体系更感兴趣，也会更多地在车间层面采用非财务指标。

理查森和戈登（Richardson and Gordon，1980）则指出，在选择业绩评价指标（财务指标还是非财务指标）的时候，生命周期是一个重要的影响变量。与大多数产品都处于成熟期的企业相比，大多数产品处于成长期的企业应该更少地强调财务指标，而更强调非财务指标。

（二）内部环境

学者们对于内部环境如何影响业绩评价也倾注了极大的研究热情，研究课题涉及企业文化、规模、学习能力和先进生产技术的使用。

亨利（Henri，2006a）通过对加拿大上市公司高级经理的 383 份问卷调查发现，相对于控制严格的企业中的高级经理来说，在企业文化比较灵活的公司中的高级经理倾向于采用更多非财务指标。

许多学者认为，随着组织规模的扩大，员工人数会增加，管理层级也会增多，还可能出现更多的多元化经营，所以会产生许多在小规模企业中难以碰到的交流与控制的困难（Bruns and Waterhouse，1975；Ezzamel，1990；Merchant，1984）。因此，随着公司规模的扩大，会计与控制程序将变得更特殊更复杂。在规模较大的公司中，需要采用更多的非财务指标和信息（Kaplan and Atkinson，1998）。与之一致，霍凯和詹姆士（Hoque and James，2000）基于对 66 家澳大利亚制造业的问卷调查发现，规模越大的企业采用平衡计分卡的程度会越高。

企业的学习能力越强，越有可能采用非财务指标运用于日常管理，而且会用得更好。这方面的研究有不少，如利比和沃特豪斯（Libby and Waterhouse，1996）认为越有学习能力的企业越会改变管理会计系统。

论及先进生产技术，几乎所有的研究都发现对全面质量管理 TQM、适时生产制（Scholer，Zou，Fujita et al.，2010）或生产灵活性的重视程度与非财务指标（如废品率、及时送货率、机器装备利用率等）的采用之间存在着正相关关系（Abernethy and Lillis，1995；Banker，Potter and Schroeder，1993；Daniel and Reitsperger，1991）。

（三）竞争战略与组织设计

竞争战略与组织设计并非独立于组织的外部环境和内部环境。这两大类情境变量可以归入组织内部环境。之所以将两者单独列示，是因为这两者是近期业绩评价影响因素研究的两个热点。研究者们运用交易成本理论、竞争战略理论的最新成果进行了一系列富于现实意义的研究。

以往文献一般将战略粗分为两类：成本领先和差异化，将相匹配的非财务指标也分作两类：效率指标和客户导向指标。由于客户导向的非财务指标直接反映客户对企业的评价且对企业的运营过程提供反馈，因此，客户导向的非财务指标一般与差异化战略相关联（Abernethy and Lillis，1995；Chenhall and

Langfield-Smith，1998；Kaplan，1990）。效率指标主要关注生产过程中的要素投入和资源使用，因此，效率指标可能与成本领先战略匹配得更好（Abernethy and Lillis，1995；Chenhall and Langfield-Smith，1998）。利利斯和范文德克斯（Lillis and Van Veen-Dirks，2008）对战略采取不同以往的度量，关注了同时追求差异化和成本领先战略的企业，发现企业对效率指标的依赖程度与同时追求差异化和成本领先战略显著相关。

在以交易成本理论为基础、在组织设计的框架内将业绩评价视作与组织分权相应的控制机制这一分析范式下，学者们也获取了一些有趣的结论。布文斯和范兰特（Bouwens and Van Lent，2007）探讨了分部权威与相互依赖性对业绩指标应用的影响，其实证结果发现，分部间相互依赖性的增强会使得非财务业绩指标的使用权重上升。阿伯内西、布文斯和范兰特（Abernethy，Bouwens and Van Lent，2004）探讨了信息不对称与分部之间相互依赖对业绩指标选用的影响发现，当某分部会影响其他分部时，分部汇总指标使用会增加，而信息不对称对业绩指标的选用没有影响。

此外，保罗·万·德克（Paula Van Veen-Dirks，2010）在其富有启发意义的研究中指出：在研究业绩指标选择及其影响因素等方面时，区分不同的用途是非常必要的，并通过实证检验发现部门之间的相互依存对于进行定期评估时非财务指标的重要性具有积极影响，但没有影响到确定可变报酬时非财务指标的重要性。

三、业绩评价系统的执行要点

在实践中，企业在构建有效的业绩评价系统时需要解决两大问题：非财务指标的权重分配和量度质量（Luft，2009）。随后本书将根据研究框架图，按照先权重后质量的顺序对现有研究成果进行梳理。

（一）非财务业绩指标的权重

尽管理论和实践中都主张对代理人进行多维度的业绩考察，但是，在最终评定代理人业绩时，还是要将多维度的业绩指标分别赋予权重，计算一个汇总得分来确定奖惩（Ittner, Larcker and Meyer, 2003）。已有的研究探讨了非财务指标在企业的薪酬评测、定期决策时所占的权重如何受到不同内外部环境的影响。相关的研究成果已经在业绩评价的影响因素这一部分进行了总结和归纳。此处不再赘言。

（二）非财务业绩指标的质量

代理理论一直强调，若要有效地监督代理人，使之与委托人利益相一致，委托人需要构建出噪声较小且不易为代理人所扭曲的业绩指标体系（Feltham and Xie, 1994; Holmstrom, 1979）。尽管学者们很早就知悉非财务指标较弱的质量会削弱其在业绩考评、激励雇员方面的有用性，导致其在实践中的应用受到限制（Lingle and Schiemann, 1996），但是，在提升非财务指标质量方面，现有的研究可提供的解答和启示却极其有限。可能的原因是，最近学者们才从经验调查中看到了信息质量比信息数量更加重要（Neumann, Roberts and Cauvin, 2010），以及非财务指标质量对于激励效应的重要影响（Bouwens and van Lent, 2006）。幸运的是，通过一些学者的努力，我们对于如何提升非财务考核质量已有了初步的了解。

首先，我们要重新认识一下非财务指标质量的重要意义。布文斯和范兰特（Bouwens and Van Lent, 2006）通过实证研究发现非财务业绩指标的属性（误差）会最终影响激励契约的选择效应和努力效应。而怀特（White, 2008）则为非财务指标质量的重要意义提供了佐证，其研究发现，非财务指标的信息质量和战略业绩评价系统的有效性正相关。

其次，我们需要注意，业绩评价并非越多越好。哈尔福德、贝克、麦克里登和贝恩（Halford, Baker, McCredden and Bain, 2005）认为，人类在进行决策时一般在心理上至多能够处理 4 个信息单元，而之前的研究（Miller, 1956）认为可以综合 5~9 个的信息单元。而多维度的业绩评价，如平衡计分卡，则有 16~24 个指标（Banker, Chang and Pizzini, 2004; Dilla and Steinbart, 2005; Libby, Salterio and Webb, 2004）。这种信息超载可能导致经理人淹没在浩如烟海的数据中，反而不能真正有效地利用相关的信息（Neumann, Roberts and Cauvin, 2010）。

最后，我们梳理一下在提升非财务指标质量方面学者们已经积累了哪些成果。勒夫特（Luft，2009）认为非财务指标的质量是一个相对概念，专利数量这一非财务指标被用于衡量当前研发经理业绩时是低质量的，因为当期专利数量是前任研发经理的成果，但是，将专利数量作为企业未来创新水平的量度却是恰当的。因此，针对不同的目的使用与之相应的非财务指标可以提升业绩评价的质量。单一的非财务指标由于其反应面比较狭小，很难全面地提供衡量对象的信息，因此，将之与其他非财务或财务指标进行组合构建业绩评价系统也可以提高业绩评价系统的质量（Brazel，Jones and Zimbelman，2009）。

四、总结与研究建议

本节首先归纳了不同的情境对于业绩评价系统的影响，而后对业绩评价实施过程中与权重分配和量度质量相关的研究进行了梳理，通过这些工作，本节试图向读者说明：构建有效的业绩评价系统，既需要结合具体环境进行调整适应，也需要对考核指标恰当地分配权重和进行精确的计量。我们发现，现有的研究对于非财务指标的权重分配已进行了大量研究，积累了丰硕的成果，而非财务指标量度质量方面的研究还有待加强。今后的研究应细致考察业绩评价质量的影响因素，从而为我们构建有效的非财务业绩系统提供有益的启示。

我国的业绩评价系统的理论和实践都还处在发展阶段，深入的研究有助于加深我们对于现代业绩考核理论的理解，并为先进管理技术的本土化总结宝贵的经验。这既有助于我国企业管理水平的总体提升，又能为其他新兴国家提供宝贵的经验。

第三节　业绩评价文献回顾之双重职能和经济后果

现有研究强调组织应选用多维度的、战略一致的业绩指标构筑其业绩考核体系（Kaplan and Norton，2005），这既能够向委托人提供反映代理人行动集合的立体信息，减少代理成本（Holmstrom，1979；Lambert，2001）；又能够向代理人提供决策相关的信息，作出战略一致的理性决策（Chenhall，2005；Kaplan，Norton，Dorf and Raitanen，1996）。虽然部分研究支持多维度的业绩评价能够带来组织绩效的提升（Davis and Albright，2004；De Geuser，Mooraj and Oyon，2009；Scott and Tiessen，1999），但是，也有研究对之提出质疑（Hassan，Said and Wier，2005；Ittner，Larcker and Randall，2003；Lingle and Schiemann，1996）。

对于业绩评价的进一步研究应当首先为上述矛盾的结果作出解释。然而，业绩评价系统可能通过多种渠道来影响最终的企业绩效，任何一个渠道的阻塞都可能导致不利的业绩后果。这需要我们深刻地理解业绩评价提升企业绩效的具体渠道，为业绩评价体系所提供的广泛的、战略一致的信息如何影响企业最终的业绩提供洞察（Grafton，Lillis and Widener，2010）。具体而言，我们首先需要明确业绩评价的职能，然后理解这些职能如何协助组织实现最终业绩目标，即业绩评价促升企业绩效的具体渠道，在此基础上，我们才可以回答实践中未能达成预期效果的多维业绩评价系统在哪些渠道中受阻，进而分析原因并寻求解决方案。

组织运行最基本的目标是有效地配置和利用稀缺的资源、产出有价值的劳务或产品。因此，组织既需要业绩评价系统提供决策相关的信息，以明确与战略目标一致的行动方向（Horngren，Datar and Foster，2003），又需要业绩评价系统提供职员行动的信息，从而监督、协调和引导职员采取与组织既定战略目标方向一致的行动（Lambert，2001）。简言之，我们需要业绩评价体系具备两项职能：一是为计划和决策提供必需信息；二是激励个体采取战略一致的行动（Zimmerman，1995），这两项职能可分别被简称为辅助决策（decision facilitating role）和影响决策（decision influencing role）（Demski and Feltham，1976）。

尽管现有研究对于管理会计信息的上述两项职能进行了初步的考察（Sprinkle，2003），但是，我们对于组织业绩评价如何实现这两大职能并促升最终业绩仍然知之甚少。通过对已有研究进行梳理和归纳，本节提出业绩评价的辅助决策职能通过两种渠道实现，即对现有产能的最大化利用和对潜能的挖掘，最终体现为提供信息支持；业绩评价的影响决策职能也是通过两种渠道完成，即提升当前职员努力水平的努力效应和遴选出高水准新职员的选择效应最终都体现为激励效应。本节将针对每一种促升业绩后果的渠道进行具体阐述。

本节意在阐释业绩评价促升最终业绩的具体机制,描述业绩评价职能运作的具体细节。本节随后的安排如下:第一部分将构建出业绩评价职能的研究框架,形象地展示出从业绩评价到最终业绩的相关环节;第二部分将细致梳理现有研究对于业绩评价职能考察;第三部分和第四部分按照辅助决策和影响决策的顺序深入探讨实现这两大职能的具体渠道;最后,进行小结。

一、业绩评价职能及其经济后果框架

本书的研究对象是业绩评价的职能及其具体实现机制,具体而言,需要明晰两个问题:一是业绩评价促升企业业绩需要实现哪些职能;二是业绩评价实现这些职能的具体渠道有哪些。为求清楚地描绘出业绩评价职能促升最后业绩的具体过程,本书构建了如图 3-2 所示的研究框架,以求形象地展示出本节的逻辑顺序,随后本书将按照这一研究框架所列示的顺序,对上述两大问题进行逐一考察。

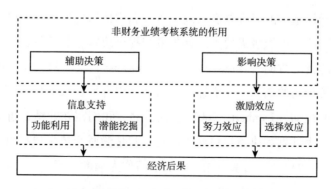

图 3-2 业绩评价系统的双重职能与经济后果框架

二、业绩评价的职能

现代化生产运营极大强化了组织所面临竞争环境,而竞争加剧导致了企业经营过程的波动性、压力、风险和不确定性(Mia and Clarke, 1999)。企业急需构建起既能提供相关信息以支持决策，又能激励职员以落实既定决策的业绩考核体系（Armesh，Salarzehi and Kord，2010）。这对于企业的业绩评价提出了两项职能要求：一是为计划和决策提供必需信息；二是激励个体采取战略一致的行动（Zimmerman，1995），这两项职能可分别被简称为辅助决策和影响决策。下面，我们将分别对辅助决策和影响决策进行概念上的明确，并对相关的业绩评价研究进行梳理。

（一）辅助决策

业绩评价的辅助决策职能是指，业绩评价系统可以提供信息以降低决策事前的不定性（Demski and Feltham，1976；Sprinkle，2003）。针对业绩评价的辅助决策职能，学者们已进行了大量的理论探讨。西蒙、阿德米尼斯特和艾美瑞克（Simon，Administration and America，1954）强调业绩信息应当能够用来解决问题，德姆斯基和费尔瑟姆（Demski and Feltham，1976）则认为提供的业绩信息应当解除决策前的不确定性。贝曼和德姆斯基（Baiman and Demski，1980）提出状态信息可能会被提供给决策制定者以改善行为选择。纳拉亚南和达维拉（Narayanan and Davila，1998）指出，为了避免重大决策的扭曲，某些管理控制系统只能用于支持决策而不能用于控制。斯博瑞克（Sprinkle，2003）总结了以往的文献提出业绩评价通过提供经济决断所需的信息而起到辅助决策的作用。

由于计量障碍和研究技术的局限，针对辅助决策的实证研究还处在发展阶段（Sprinkle，2003）。已有的少量研究关注情景变量如何影响业绩评价系统的辅助决策职能。范文德克斯（van Veen-Dirks，2010）则通过实证检验发现生产战略、组织间相互依赖性和技术复杂程度都会影响非财务指标在决策中的应用。格拉芙顿、利利斯和怀德纳（Grafton，Lillis and Widener，2010）则通过对决策支持作用进行细分发现，非财务指标是通过提供信息使得企业对现实能力物尽其用和深入挖掘企业潜力来实现决策支持作用。通过将业绩后果引入研究设计，埃格尔顿等（Eggleton et al.，2003）发现，在低任务不确定的情形下，内部经理人使用广泛的管理会计信息进行决策不利于他们的业绩；反之，在高任务不确定下，内部经理人使用更多管理会计信息进行决策可以提升业绩。

(二) 影响决策

业绩评价的影响决策职能是指，业绩评价可以提供信息激励职员，引导职员行动与组织目标一致（Demski and Feltham，1976；Sprinkle，2003）。这一职能解决的是组织既定决策的执行问题，消除了决策后的不确定性。一般而言，组织通过运用业绩评价系统所提供的信息，监督、评测、考核与奖惩职员行动，影响职员动机，进而实现组织目标（Sprinkle，2003）。影响决策职能关注对于组织控制问题的解决，即确保职员采取组织希望的行为（Sunder，1997），因此，也常被称作控制职能（Zimmerman，2011）。

组织控制问题的实质是委托人和代理人目标的不一致，自利的经济参与者因利益分歧而产生了代理问题（Jensen and Meckling，1976），多维业绩评价因为能够提供代理人行动的立体信息、减轻委托人和代理人利益冲突、激励代理人采取组织价值最大化的行动而被视作代理问题的正式解决方案（Holmstrom，1979；Indjejikian，1999）。从这个角度而言，探讨业绩评价的影响决策职能的实证研究为我们积累了丰富的研究成果。

斯博瑞克（Sprinkle，2003）指出，通过对业绩评价体系进行设计，将薪酬与业绩进行不同类型的挂钩和链接，可以有效提取员工的私有信息，解决职员的逆向选择问题；将广泛的奖励手段与业绩进行结合，形成的激励方案也可提升职员的努力水平，解决道德风险问题。对于这类传统控制问题本书不再赘述。

新近的研究发现，业绩评价有助于解决团队合作中的控制问题。贝曼和巴尔德尼乌斯（Baiman and Baldenius，2009）研究了非财务指标如何被用来激励部门之间的协作。他们发现，一个项目的施行往往需要各部门的共同努力，然而，拥有私人信息的部门经理经常从自身利益出发放弃有利可图的联合项目或在特定关系资产中投资不足。通过不连续地给部门经理派发与非财务指标相联系的奖金能改善项目履行度和投资效率。

另一项与组织内协作相关的控制问题被称作外部性问题，典型的例子是转移定价中各部门利益的协调。外部性问题及其影响已经在管理会计研究界被讨论了数十年（Kaplan and Atkinson，1998；Merchant，1989；Solomons，1985）。各种解决外部性的措施在实践中被遵守，并引起了学术界的广泛探讨，其中包括成本分配措施（Merchant and Shields，1993；Zimmerman，1979，2011）、汇总的绩效评价措施（Bushman，Indjejikian and Smith，1995；Keating，1997）、综合业绩评价措施（Baiman and Baldenius，2009；Bouwens and van Lent，2007；Dent，1987）和主观业绩评价措施（Gibbs，Merchant，Van der Stede et al.，2004）。新近的研究发现，在业绩评价中使用非财务指标可以衡量外部性，使代理人对外部性负责，并为外部性的内部化作用提供激励机制（Baiman and Baldenius，2009；Bouwens and van Lent，2007），从而在一定程度上解决外部性带来的团队协调问题。

三、辅助决策、信息支持与经济后果

业绩评价系统的辅助决策职能通过为经理人制订计划、决断备选方案提供必要信息来实现（Chong and Eggleton，2003）。这种信息支持有助于经理人作出考虑周详的高质量决策，产生一系列有助于企业价值增值的行动集合（Sprinkle，2003）。尽管理论界对于业绩评价系统的决策辅助作用并无异议，但是很少有研究探讨业绩评价实现辅助决策职能的细节，也很少有研究探讨业绩评价对经理人进行信息支持的具体渠道，这导致我们对业绩评价如何通过辅助决策职能来提升企业业绩知之甚少。但是，唯有对此进行深入的了解，才能准确地获取发挥企业辅助决策职能的条件和手段。因此，本节利用资源理论对之进行初步的探讨。

在资源基础的理论观念（resource-based perspective）中，企业的价值取决于企业配置资源的能力（capabilities）（Widener，2007）。这种能力应当是竞争对手所难以复制的，其体现形式可能是有效的管理模式、优化的组织设计、老到的运营经验或者先进的技术手段（Teece，Pisano and Shuen，1997）。亨利（Henri，2006a）认为这种企业能力可以划分为两类：一类是对现有资源有效利用的能力；另一类是企业开发新资源的能力。因此，提升这两类能力即可提升企业价值，具体表现为企业业绩的提升。

业绩评价系统可以及时反馈企业经营过程中的各类信息，识别出真实产出和预期产出的差距，这可以帮助经理人有针对性地寻找异常、及时补救或把握机遇，从而有效利用企业现有能力（Stalk，Evans and Shulman，1992）。因此，业绩评价系统的反馈信息有助于提升企业对现有资源的利用能力（Maritan，2001），本节将业绩评价的这种信息支持作用简称为"现能利用"。业绩评价系统通过引入前瞻性业绩指标，如非财务指标，可以有效捕捉到市场未来发展趋势，并为企业经营提供预警，从而帮助企业制订高瞻远瞩的计划，并以之为凭借挖掘出新的机会与资源（Barney，1991）。因此，业绩评价系统的前馈信息有助于提升企业开发新资源的能力（Grafton，Lillis and Widener，2010），本节将业绩评价的这种信息支持作用称为"潜能挖掘"。

提供反馈信息和前馈信息都隶属于业绩评价的辅助决策职能，又由前述分析可以知道这两种信息能够分别提升企业的"现能利用"能力和"潜力挖掘"能力，所以，我们可以推测，业绩评价的辅助决策职能正是通过提升企业这两大能力来提升企业业绩。格拉夫顿、利利斯和威德纳（Grafton，Lillis and Widener，2010）对此进行了初步的验证，进一步的探讨有待于学者们的深入研究。

四、影响决策、激励效应和业绩后果

业绩评价的决策影响职能的有效发挥依赖于精巧的薪酬机制设计，需要根据具体情境将报酬与多样的业绩指标进行链接。唯有如此，方能协调和监控企业职员落实既定的管理决策和竞争策略（Bonner，Hastie，Sprinkle et al.，2000）。现有研究将业绩评价的影响决策职能可以提升企业业绩视作理所当然，很少有学者探讨业绩评价的影响决策职能究竟通过何种渠道提升了企业业绩。本节试图从理论上给出一个系统的探索。

业绩评价影响企业职员行为的载体是薪酬契约。通过将职员薪酬与可观测的员工产出进行链接，薪酬契约能够对企业职员产生激励效应。正是透过激励效应对于员工行为的积极影响，企业业绩才得到了提升。经济理论表明激励契约在提升企业业绩方面的总效应可具体分解为如下两类效应（Bonner and

Sprinkle, 2002; Milgrom and Roberts, 1992; Prendergast, 1999)。

一方面，激励契约可减弱委托人和代理人目标偏离的程度，并使代理人向委托人的期望目标实施努力（efforts）的强度增加，文献称之为努力效应（effort effect）。提升代理人的努力程度需要委托人准确地获取与代理人行为相关的信息（Holmstrom, 1979），业绩评价系统通过引入多维的业绩指标，尤其是非财务指标，可以有效补充财务信息的不足，有效监控代理人的懈怠行为，增强其努力程度，提升企业业绩（Feltham and Xie, 1994）。已有大量研究证明了非财务指标相对于财务指标的增量信息作用（Banker, Gordon and Srinivasan, 2000; Biddle, Bowen and Wallace, 1997; Gomez, McLaughlin and Wittink, 2004; Ittner and Larcker, 1998a; Yeung and Ennew, 2001），但是学术界尚缺乏文献直接验证综合业绩评价系统的努力效应。

另一方面，激励契约以其与业绩紧密关联的薪酬设计可吸引有效率的代理人进入企业或留住有效率的雇员，文献称之为选择效应（selection effect）。简言之，合理的薪酬设计可以吸引到高水平的人才，帮助企业招聘到富有天分的潜在雇员。相对于理论界对提升现有雇员努力水平的众多研究，很少有学者关注如何设计出有吸引力的薪酬机制来招聘优秀的潜在雇员。班克、戈登和斯里尼瓦桑（Banker, Gordon and Srinivasan, 2000）指出，很少有研究关注按业绩支付薪酬（pay-for-performance）在吸引和保留 CEO 级别以下雇员方面的作用。他们发现，以业绩为基础的薪酬计划通过选择效应对企业业绩之影响甚至要超过通过努力效应对企业业绩之影响。

综上所述，业绩评价的影响决策职能是以薪酬契约为载体，通过激励效应积极影响员工的行为而最终提升企业业绩的。这一激励效应可划分为努力效应和选择效应。一般而言，适用于老员工的业绩评价体系不必然适用于新员工（招聘）。但是，现有的研究无法回答如何构建业绩评价系统以关注适用于老员工的努力效应，也无法回答如何构建业绩评价系统以关注适用于招聘的选择效应。作为重要的理论和实践问题，这有待于学者们的深入考察。

五、总结与研究建议

业绩评价系统在很大程度上是通过影响企业参与者行为来最终影响业绩

的，这产生了业绩评价系统影响企业业绩的诸多渠道。任何一个渠道的堵塞都有可能影响业绩评价系统对于企业的价值贡献。以往的研究中出现了一些质疑综合业绩评价系统的统计结果，由于作者的研究设计往往直接探讨业绩评价与企业业绩的关联，无法分离各个渠道的影响，从而无法回答哪些因素通过阻塞哪些渠道导致了这一不利结果。因此，为了给以后的研究打下良好的基础，本节在系统归纳已有研究的基础上，通过对业绩评价的辅助决策和影响决策两大职能进行分析和探讨，梳理出业绩评价系统影响企业业绩的四个渠道。本节希望在随后的研究可以对这四个渠道进行系统地、细致地刻画，运用结构方程识别出业绩评价影响企业业绩的真正渠道，而后在此基础上探索疏通和有效发挥四个渠道作用的条件和手段，在理论上和实践上深化我们对于业绩评价系统的认识。

具体而言，未来的研究可能在如下方面取得建树：

在权变理论框架下探讨业绩评价的辅助决策职能。本节归纳出业绩评价的辅助决策职能主要通过为企业"现能利用"和"潜力挖掘"提供信息支持来实现，尽管有学者对之进行了初步的探讨，但深入的研究还有待学者们的后续努力。更为重要的是探讨何种情境下辅助决策职能可以得到更好的发挥，比如何种经营环境、哪些企业战略更需要企业的"现能利用"或"潜力挖掘"，这种匹配会否带来良好的企业业绩。相关的研究可以为实践中更好地发挥业绩评价的辅助决策职能提供指导。

激励效应的分解与计量。对于新老员工进行区别考评是一项重要的实践课题，更是重要的理论课题。对于老员工的考评需要强调业绩评价的努力效应，对于新员工的考评需要强调业绩评价的选择效应。由于难以在统计上分离和量度努力效应和选择效应，理论研究中对于如何区别设计新老员工的薪酬契约一直进展不大。未来的研究需要良好的问卷设计和统计技术来分解激励效应，并考察影响努力效应与选择效应的各种因素。比如，哪类业绩指标更适用于提升选择效应以及薪酬结构对于努力效应又有何影响。这对于企业区别新老员工以构建不同的薪酬体制具有重要启示意义。

业绩评价的辅助决策职能和影响决策职能的关系。现有研究开始关注业绩评价的这两大职能间的相互作用。有观点认为这两大职能存在某种冲突，也有观点认为辅助决策职能要通过影响决策职能来实现。现有研究未能提供给读者以清晰的结论。对于两者之间的具体关联的深入理解，需要学者们系统地考察。

业绩评价贯穿企业所有经营流程，既要为企业的初始计划提供决策支持，又要对事后的经营成果进行核算评价。因此，在管理会计研究中，业绩评价一直是一个重要课题。未来的研究需要深入考察业绩评价系统提升企业绩效的内在细节，从而有力地指导中国企业业绩评价实践、提升中国企业的盈利能力与价值。我们期待着与所有关注中国企业业绩评价的学者们共同努力，并希望在此领域获取丰硕的研究成果。

第四章

假说推导

本章力求运用交易成本理论的基本原理，在组织设计的框架下，将颇具中国特色的差序格局概念和组织设计中的分权与控制机制结合起来。本章将尝试引入"关系"这一颇具本土色彩的概念，从削减交易成本的角度深入探讨"关系"在中国企业组织设计中的角色，最后考察关系对薪酬制定的影响以及对最终业绩的影响。

主要假说的推导将按照如下顺序组织：第一，各类业绩指标（财务业绩指标、内部非财务业绩指标和外部非财务业绩指标）量度质量与各类业绩指标重视程度和用途；第二，分权与业绩评价；第三，关系与业绩评价、关系与分权；第四，法治指数对于关系与分权、业绩指标质量与分权的调节效应；第五，关系和业绩量度质量对薪酬黏性及薪酬业绩敏感性的影响；第六，关系与分权的匹配、业绩量度质量与分权的匹配，以及这两者对最终业绩的影响。

关于上述假说推导的顺序安排，本书以为有两点值得向读者作出说明。

第一点是考察业绩评价的角度问题，本书考察业绩评价主要关注三个方面，即业绩量度质量、业绩评价的不同职能或者用途、业绩指标的使用程度。当然，根据以往的研究经验，本书将区分出财务业绩指标、内部非财务业绩指标和外部非财务业绩指标三类。针对企业业绩评价进行这样的处理是在权衡研究话题的重要性和实证上的可执行性之后决定的，同时，针对这三者进行研究在国内外也不多见，这有助于我们更为全面和系统地理解中国企业业绩评价实践。基于此，当本书在表述要研究某一变量与业绩评价的交互关系时，通常情况下会逐一分析业绩量度质量、业绩评价职能和业绩指标权重与该变量的具体关系。

第二点是将"关系"变量引入的时机问题。如本书标题所显示的那样，本书欲以差序格局为视角来研究业绩评价，但为了更清晰地展示"关系"的真正影响，本书首先将"关系"隔离出去，单纯研究组织之内业绩评价与分权的关联，而后才加入"关系"变量的影响。这种处理方案可以使本书在推导假说时不必在最初的时候就处理复杂的变量关系，在厘清组织内业绩评价和分权的关联之后，再引入"关系"变量可以更为清晰地向读者呈现本书所论证的逻辑关系。当然，这种行文处理在使用回归分析进行实证检验时不会引起结论的变化，因为本书将对之进行同时验证；在结构方程构建时也不会产生差异，因为结构方程最后将这些变量全部纳入，而非逐一放入地分离考察。

第一节 业绩评价体系三大构面的逻辑勾连

业绩评价体系本质上是一个信息供给体系，因而对之进行评判和考察应当关注信息供给的质量以及使用情况。下面将分别介绍业绩评价体系的信息供给质量（业绩量度质量）和业绩评价体系的使用，最后，本书将指出某一类业绩指标的量度质量会影响该类指标在不同职能间的使用，这种影响既体现在该类指标的总体使用程度上，也体现在该类指标在完成不同职能时各自的使用程度上。

本书将业绩评价系统所提供信息的质量称为业绩量度质量，通常意义上的业绩量度质量是针对代理人行为而言的，即业绩指标中关于代理人努力的信息含量，但这一定义有两点缺陷：第一点，它面临着一个实证操作难题，当给定一个特定业绩指标时，我们很难找到参照基准去判断这一指标的信息含量多寡，或许财务指标因其精巧的设计而引致的良好汇总性，使我们可以比较有把握地讲这一指标有较高的信息含量，但这也只是一个定性的判断，我们很难（不是不可能）确证利润一定比 EVA 信息含量小或是相反，在比较众多非财务指标的信息含量时更是如此。第二点，正如下面将要讲到的，业绩指标并非仅用于监督和激励代理人，业绩指标也要被用作支持决策，因此，仅从该指标反映代理人行为的角度来断言其质量，既不充分，也不完整。因此，在量度业绩指标质量时应当充分考虑上述两点。

在对业绩指标的使用进行探讨时，学者们往往关注的是总体的使用情况，并不具体区分到底这种业绩指标被用作何种目的，或者讲业绩指标到底被用于实现哪些职能。但实际上，唯有全面考察某一业绩指标在各个用途上的使用情况，我们才能真正知悉这一业绩指标在企业中的使用程度。回顾业绩评价在组织运行中的作用，一般认为业绩评价有两个方面的职能：决策和控制（Luft，2009；van Veen-Dirks，2010；Zimmerman，2011）。本书利用德姆斯基和菲尔瑟姆（Demski and Feltham，1976）提出的分类，即业绩指标具有决策支持和决策影响两种职能（Sprinkle，2003）。决策支持职能指的是提供信息来指导决策和管理，而决策影响职能则是指使用信息激励和控制经理人或员工。为了行文方便，我们将决策支持职能简称为决策职能，决策影响职能简称为控制职能。

在研究业绩评价机制时区分其职能是非常必要的。对评定经理人业绩有用的指标（控制职能）并不一定在决策时有用（Luft，2009）。迄今为止，大多数实证研究忽略了业绩指标的不同用途（Henri，2006b）。对业绩指标不同用途的研究空白也可能在一定程度上解释了研究业绩指标重要性的有限进展（Chapman，1997；Chenhall，2003；Hartmann，2000）。业绩指标往往可以兼具决策和控制职能，但是这一指标执行决策职能和控制职能时的有用性是有差异的。因此，理解在何种情境下企业需要实现业绩评价的控制职能与决策职能对于企业业绩评价指标组合的构建具有非凡意义。已知的文献当中只有范文德克斯（van Veen-Dirks，2010）做了探讨，由此发现生产战略、组织间相互依赖性和技术复杂程度都会影响非财务指标在决策中的应用。

之所以强调业绩评价的职能概念，是因为对这一概念的现实考察可以深刻影响理论界对于业绩评价的看法，并为我们提供了一个崭新的视角去理解企业在业绩评价革新时的一系列现象。这类似于财务会计领域对于财务会计信息的决策有用观和受托责任观的争论，当我们将业绩指标定位于不同的用途或职能，相关的设计必然会有差异。部分企业业绩评价革新的失败正是因为设计者错误地理解了企业业绩评价的职能，将业绩评价仅仅视作奖惩工具，导致被考核者将大量精力放在与考核人员所做的博弈上面，通过私人关系游说考核人员或者采用极端手段向考核人员施加压力、讨价还价，大量的资源和精力消耗在企业内部政治斗争过程中，业绩评价成为考核人员的沉重负担（钟孟光，2006），他们完全忽视了业绩评价在决策职能方面的意义①。

　　毫无疑问，尽管存在诸多影响业绩指标使用程度的权变变量，诸如环境不确定性、企业战略之类，业绩指标本身的质量无疑对其使用程度的影响更为直接。分析性的文献表明，某个绩效指标的权重与该指标对努力的敏感度和该指标的精确度成正比（Banker and Datar，1989）。业绩指标的质量提高，无论对于该指标实现决策职能还是实现控制职能都将是有利的，因而本书可以推断：业绩指标的质量有助于增加该指标的控制用途，也有利于增加该指标的决策用途。由于业绩指标的使用程度主要由其在决策和控制方面的使用程度综合构成，因此，业绩指标的质量提高也有助于其整体使用程度的提高。据此，本书提出假说 H4 - 1 和假说 H4 - 2。

　　假说 H4 - 1：各类业绩指标②的量度质量越高，其在控制方面相应的使用程度则越高，在决策方面相应的使用程度也越高。

　　假说 H4 - 2：各类业绩指标的量度质量越高，其在企业中的使用程度也将越高。

　　该结论既适用于财务业绩指标，也适用于非财务业绩指标，在随后的实证检验中，本书将分别考察财务业绩指标，内部非财务业绩指标和外部非财务业绩指标。另外，值得强调的是，假说 H4 - 2 实际是假说 H4 - 1 的衍生推断，将其上升为主要假说有助于比对和验证结论的稳健性，随后的类似分析都可以做这样的衍生推断，为避免重复和冗余，后面将不再对这种衍生推断进行赘

---

　　①　在本书的统计描述部分，将向读者展示调查数据所显示的各类业绩指标在控制职能和决策职能上使用情况的比对，结果显示，无论是财务指标还是非财务指标，其对于决策的意义都要大于其对于考评管理人员的意义。这与财务会计信息的决策有用观占优于受托责任观非常类似，本书相信这对于学者们重新看待业绩评价体系的具有重要的启示意义，因为以往关于代理理论衍生的研究过分看重了业绩评价的控制职能。

　　②　本书在假说中所断言的业绩指标有关的结论，均适用于财务业绩指标、内部非财务业绩指标和外部非财务业绩指标，在实证部分本书也会分别考察。倘若假说中针对三类指标有着不同的推断，本书将分别列示假说，在后面读者将会看到这一点。

述。以一个简单的图示可以形象地展示本节所预测的变量间的相互关系（见图 4 – 1）。

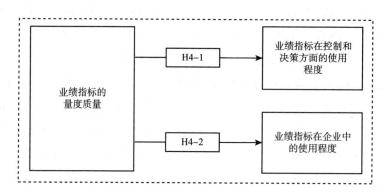

图 4 – 1　业绩量度质量、业绩指标职能和整体使用程度的逻辑关系

第二节　分权与业绩评价

由于知识转移存在成本，公司的管理层需要向分部经理进行分权以激发其首创精神和即时处置信息的能力，从而提升公司价值（Jensen and Meckling，1995）。然而，由于人的自利性和机会主义行为，分权无可避免地带来了控制问题，这需要构建必要的控制机制或激励机制（Holstrom，1979）。其中，一种控制机制就是引入业绩评价机制以反映分部经理运用决策权而带来的成果（Jensen and Meckling，1995；Wruck and Jensen，1994），更具体的举措就是业绩评价机制使用汇总性的业绩指标（Abernethy，Bouwen and Van Lent，2004；Moers，2006；Prendergast，2002）。

普伦德加斯特（Prendergast，2002）指出，针对授权而产生的激励问题可以通过将薪酬与汇总的业绩指标绑定来解决。汇总指标就是那些整合了所有能够反映行为信息的指标，与汇总指标相对应的是所谓的具体指标（Moers，2006）。具体指标只能提供行为集合的一个子集，即某一局部行为的信息。当委托人使用汇总指标来量度代理人之业绩，进而评定其薪酬时，代理人面临激励兼容问题，有动机对其所有行为作出权衡以最大化最后的业绩。汇总指标往往量度了企业价值与总体业绩，这与委托人休戚相关。委托人将之与代理人薪酬绑定可以使得经理人行为与企业利益一致。因此，分权与汇总指标相互补充，使得代理人既有自由裁量的余地以发挥其独创精神，又能有效约束代理人攫取控制权私利。

　　总之，对于追求价值最大化的企业而言，分权必然伴随着对业绩评价机制的改进。具体而言，本书认为业绩量度质量会影响分权，分权也会影响业绩评价的职能导向。我们将据此提出相应的假说。

一、业绩指标质量与分权

　　从缔约的角度来看，分权伴随着授权者和受权者的一项有关决策权力和控制机制的契约。在契约之中，业绩指标被引入以控制受权者，从而防止其滥用权力危害授权者。业绩指标在何种程度上可被用于控制经理人，取决于使用该指标进行订约的成本。这种订约成本首先与业绩指标本身的属性密切相关。即业绩指标的敏感度、精确度和可靠度最后会影响其订约过程中的有用性（Moers，2006）。更为敏感、精确和可靠的指标被引入激励契约后的控制效果更佳（Banker and Datar，1989；Feltham and Xie，1994；Holmstrom，1979）。因此，更为精确的指标或者说高质量的业绩指标有助于分权的进行。据此，本书提出假说 H4-3。

　　假说 H4-3：业绩指标的质量越高，则针对代理人的分权程度越大。

二、分权与业绩评价的职能 [①]

　　如前所述，在回顾业绩评价在组织运行中的作用时，一般认为业绩评价有两个方面的职能：决策和控制（Luft，2009；van Veen-Dirks，2010；Zimmerman，1995）。本书利用德姆斯基和菲尔瑟姆（Demski and Feltham，1976）提

---

　　① 本小节所关注的职能为业绩评价的控制职能，分权对业绩指标决策职能方面的影响无疑也是一个重要的话题，但当下缺乏一个标准的理论对两者进行勾连，更深入的探讨可以交由未来的研究进行。虽然如此，在随后的实证检验部分本书仍然会报告相关的统计分析结果。

出的分类，即业绩指标具有决策支持和决策影响两种职能（Sprinkle，2003）。决策支持职能指的是提供信息来指导决策和管理，而决策影响职能是指使用信息激励和控制经理和员工。为了行文方便，我们将决策支持职能简称为决策职能，决策影响职能简称为控制职能。

既然分权伴随着控制的加强，我们认为分权导致对业绩评价的控制职能的强化是理所当然的。然而，业绩评价所依赖的业绩指标有三类：财务业绩指标、内部非财务业绩指标和外部非财务业绩指标。如前面所述，分权需要在给予代理人自由裁量空间的同时又能够有效约束代理人攫取控制权私利，财务业绩指标以其良好的汇总性可以完成这一任务，故而分权应当伴随着财务业绩指标的控制职能增强。据此本书提出假说 H4 - 4。

假说 H4 - 4：分权与财务业绩指标的控制职能正向关联。

针对非财务指标的结论则是不明确的：一方面，非财务指标在反映代理人行为时，因其只能反映代理人行为的某一侧面，以之约束代理人会束缚住代理人手脚，这与分权相悖；另一方面，非财务指标具有良好的前瞻性，可以作为代理人滥用权力损害企业利益的预警指标，尤其是当被赋予重大权力的代理人可能给企业带来的危害往往更大时，非财务指标的控制职能也应得到强调，从而强化企业的事前控制。本书将分权与非财务指标控制职能的关系交与实证检验，提出试探性假说 H4 - 5 和假说 H4 - 6。

假说 H4 - 5：分权与内部非财务业绩指标的控制职能无关。

假说 H4 - 6：分权与外部非财务业绩指标的控制职能无关。

分权的重要意图是使得高层管理人员集中关注战略层次的问题，而中低层管理人员则可以在授权范围内，根据不断变化的市场环境迅速作出应变决策，避免因层层汇报、延误决策时间而可能造成的损失（洪剑峭，1998）。这也会强化各类业绩指标的决策职能。然而，这一结论在财务业绩指标和非财务业绩指标之间会有差异。分权的加强往往意味着管理人员在财务业绩指标计算方面的影响力增强，这可能会便利其操纵财务业绩指标，从而削弱财务业绩指标的决策有用性。相比较而言，非财务指标具有一定的前瞻性，尤其是物理数据具有计量刚性，被操纵的余地并不大。因而，分权对财务业绩指标的决策职能影响是不确定的，本书将其交由实证来检验，而分权将会强化非财务指标的决策职能。据此，本书提出假说 H4 - 7、假说 H4 - 8 和假说 H4 - 9，其中，假说 H4 - 7 是试探性假说。

假说 H4 - 7：分权与财务业绩指标的决策职能无关。

假说 H4 - 8：分权与内部非财务业绩指标的决策职能正向关联。

假说 H4 - 9：分权与外部非财务业绩指标的决策职能正向关联。

三、分权与业绩指标的使用权重

委托人向代理人分权扩大了代理人可选择的行动集合，并使之有充分的自由对行动集合中的具体行动进行权衡取舍（Jensen，2002；Prendergast，2002）。这种权衡取舍既可能有利于委托人之利益，也有可能损害企业价值。这使得委托人寻求这样一种业绩评价指标：它既能给予代理人足够的自由裁量余地，又可约束代理人谋取个人私利的不良行为。普伦德加斯特（Prendergast，2002）提出汇总的业绩指标正是满足上述要求的指标。更进一步地，默尔斯（Moers，2006）指出，汇总的业绩指标就是综合性的财务会计指标，如资产回报率，因为经理人所有行动汇总到财务报表后最终由这一指标反映。因此，分权无疑会强化财务业绩指标在控制方面的使用。但是分权对于财务业绩指标在决策方面的影响则有正反两方面的影响。本书将分权与财务业绩指标的使用程度的关系交由实证检验确定，据此，本书提出试探性假说 H4 - 10。

假说 H4 - 10：分权与企业对财务业绩指标的使用程度无关。

如前面所述，提高分权程度既需要加强非财务指标的决策职能，也需要强化非财务指标的控制职能，因此，分权意味着企业对非财务业绩指标的使用程度加强。据此，本书提出假说 H4 - 11 和假说 H4 - 12。

假说 H4 - 11：分权越多，则企业对内部非财务业绩指标的使用程度越大。

假说 H4 - 12：分权越多，则企业对外部非财务业绩指标的使用程度越大。

四、本节的逻辑框架

尽管本节推导的假说显得非常复杂，但其逻辑脉络仍然非常清晰，我们可以按照业绩指标质量—分权—业绩评价职能—业绩指标的使用程度的顺序串联假说 H4 - 3 ~ H4 - 12 这 10 个假说。为方便读者理解，本书绘制了逻辑框架图（见图 4 - 2）。

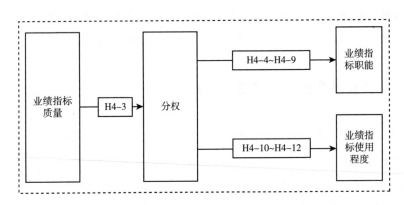

图 4 - 2   分权与业绩评价各个维度的逻辑关系

第三节   关系、分权与业绩评价

一、关系与分权

交易通过契约来承载，契约的执行决定了交易是否能最终成功。人的有限理性导致契约的不完备，人的机会主义天性使得人会利用契约的不完备谋取私利，导致交易成本的产生，阻碍交易的进行（Williamson，2005）。为求交易的顺利进行，人们引入了产权保护制度和法律执行机制，惩罚机会主义行为，减少交易的阻力。然而，在中国现行制度环境下，产权保护和法律机制尚在构建之中，法律对市场主体经济行为的规制并不完善。于是，企业便有需求寻求相应的替代机制，比如政治关联（Li，Meng，Wang and Zhou，2008）。

以往的研究集中关注企业的控制人或高管的对外社会关系对企业行为的影响（Fan，Wong and Zhang，2007；Millington，Eberhardt and Wilkinson，2005；Park and Luo，2001）。本质上，企业内的授权和代理也是一种契约安排，也需要相应的执行机制来实现。这一契约包括决策权力安排和相应的控制设计（如业绩评价）。完善的法律制度可以威慑代理人严格遵守契约，实施与委托人利益一致的行动。当不存在有效的外在制度规范时，这一契约的执行效力将有所折扣，业绩评价安排也会失效。委托人此时也要寻求替代机制来实现对代理人的控制，此时，"关系"作为颇具中国特色的一种人际社会属性被引入了企业内的管理之中。

"关系"是一种非正式的安排，并不存在于明文之中，从而不会对经理人的行动给予具体的约束，这给予了经理人足够的自由裁量空间。同时，"关系"又蕴含了两个相伴而生的概念：人情和面子。其中，人情相当于他人为关系人所做的专有性投资，而面子则相当于关系人所具有的社会资本。当关系人背叛了他人的人情，那么他也就有可能损失了其在整个社会网络中的面子，即社会资本（Standifird and Marshall，2000）。尽管存在中西方术语的差异，但我们仍然可以看到西方学者类似的洞察：个人顺利完成家族所赋予的责任之后，他所得到的犒赏是家族成员对之而产生的敬畏和尊重；相反，当他辜负了家族重托的时候，他所得的惩罚则是声誉的损伤（Pollak，1985）。尤其是在缺乏流动性的社会中，声誉等社会资本对一个人的成功不可或缺，而声誉的损伤则意味着严重的惩罚。这种损失的可能性约束了他进行机会主义行为的动机。因此，与财务指标类似，"关系"同时给予了代理人自由裁量权，又帮助委托人控制代理人以防止其谋取控制权私利，因而"关系"有助于分权的进行。据此，本书提出假说 H4 – 13。

假说 H4 –13：委托人和代理人之间的关系越紧密，则委托人对代理人的分权越多。

二、关系与业绩指标的质量

委托人与代理人紧密的关系有助于两者构建良好的信息沟通渠道，这渠道既可能是正式的，也可能是非正式的，这种信息沟通的加强有助于委托人对代理人业绩的实质了解，这使得代理人粉饰业绩的必要性削弱，并且粉饰行为被暴露的可能性也随之增强，这不同于财务会计信息披露方面的研究，因为管理会计指标无须向公共投资者披露，通过盈余管理进行业绩平滑的意义不大，尤其是管理会计使用的大部分指标并不存在应计项目这一类缓冲指标。因此，关系紧密程度有助于业绩指标质量的提升。据此，本书提出假说 H4 – 14。

假说 H4 – 14：委托人和代理人之间的关系越紧密，企业所使用的业绩指标的质量越高。

三、关系与业绩指标的控制职能

当委托人向代理人进行分权时，关系与业绩评价系统都可视作对代理人授权相匹配的控制机制。在效能上，两者均可保证授予代理人一定的自由裁量权，而同时约束经理人凭借权力谋取私利。由于关系和业绩评价系统均可用作分权的控制机制，两者之间必然会有一定关联，但两者之间是替代还是相互加强在理论上是不明确的。一方面，关系可以强化业绩指标的质量，从而进一步强化业绩指标的控制职能；另一方面，由于业绩评价系统的构建是有成本的，当存在可以替代它的控制机制时，出于成本节约的考量，企业可能削弱控制职能导向的业绩评价设计，更多地强调决策职能的业绩评价体系，因此，关系可能弱化业绩指标的控制职能。由于存在竞争性的假说，本书提出试探性假说 H4 – 15。

假说 H4 – 15：委托人与代理人的关系紧密度与业绩评价的控制职能无关。

第四节　法律制度、业绩指标质量、关系与分权

契约的缔结依赖于交易双方事前的信息收集以尽量避免逆向选择，也依赖于事后的执行机制以避免道德风险的发生。能够便利交易双方互信并提供独立可靠第三方裁决的制度架构，无疑会有效促进缔约的发生以及契约结构的变化。而企业在本质上是一系列契约的组合（Jensen and Meckling, 1976），由于制度可以对契约产生影响，因而，我们可以预期制度也会对被称为企业的这一

系列契约的缔结和结构产生影响，即不同的制度下企业组织所呈现的形式将是多种多样的。具体而言，诸如劳工约束和税收制度将会导致不同国家之间同一行业垂直整合程度上的差异（科斯、诺思和威廉森等，2003）。法律制度如法庭组织或整个司法体系会对契约的执行产生影响，这一点也已经得到了经验证据的证明（科斯、诺思和威廉森等，2003）。

在中国，所有依赖于民事合约的组织设计都可能受到法律实施机制有效性的挑战。依赖于民事合约的正式控制机制应当明显地受到地区制度差异的影响。而关系等非正式控制的效力也应当受到地区制度差异的影响，但是方向与前者相反。法律制度的规范化应当强化标准的正式契约应用，建基于业绩指标的控制机制将更有成效，在制约分权产生的代理问题方面也更有效果。相反，当正式制度建立起来，非正式机制如关系的重要性会削弱，良好的法治环境下使用关系来控制分权导致的代理问题的必要性降低。因此，我们推断好的制度会增强业绩指标质量与分权的正向关联，而削弱关系与分权的正向关联。据此，本书提出假说 H4 – 16。

假说 H4 – 16：较好的法律制度会削弱分权与关系的正向关联，而增强分权与业绩评价质量的正向关联。

第五节　关系与业绩评价对薪酬制定的影响

企业的分权伴随着委托—代理问题，代理人的卸责或偷懒将损害股东的利益（Holmström and Weiss，1983；Jensen，2010；辛清泉、林斌和王彦超，2007），为削弱代理问题的影响，需要设计用以降低代理成本的治理机制。薪酬契约被学术界公认为协调代理人与委托人利益一致的有效治理机制（Jensen and Meckling，1976；Jensen and Murphy，1990）。薪酬契约的治理效力通常可用薪酬敏感度和薪酬黏性来衡量，一般认为较强的薪酬敏感度和较弱的薪酬黏性指示着较高的薪酬治理效力（Jensen and Murphy，1990；方军雄，2009）。本书通过这两个变量考察"关系"和业绩评价对于企业薪酬制定的影响。

由于委托人和代理人信息不对称的存在，代理人的努力程度在实践中难以被观测，委托人无法将代理人的薪酬与其努力程度直接挂钩。作为一种次优抉择，委托人通常将代理人薪酬与代理人的经营成果相连接（Jensen and Murphy，1990）。这种连接的缺陷在于最终业绩由经理人努力和环境因素所共同决定，委托人无法区分出业绩中真正由经理人努力贡献的比例，这也给了经理人辩解的借口。最终业绩的构成可以分解为两部分，一部分是经理人的努力而引致的经营成果，另一部分可以称作随机干扰因素。委托人在无法明确区分两者之时，理性预期到代理人可能借口宏观经济或行业不景气而正当化其懈责导致的业绩不佳，此时，委托人对代理人给予的激励必然考虑到这一因素，并以低于委托人可以明确识别代理人业绩情形下的激励而达到均衡。这类似于二手车市场上信息不对称而引致的买方对卖方所售商品的折价，只要将代理人的努力视作二手车即可。委托人出于风险规避的角度，开出的薪酬要小于可以完全识别代理人努力的情形。精确的业绩评价和委托人—代理人之间的关系可以缓解两者的信息不对称，有助于委托人识别代理人的真正努力，此时，委托人开出的薪酬要高于其无法识别代理人努力的情形。自然，有助于委托人识别代理人业绩的因素，将有助于提升委托人对于代理人的激励。业绩量度的质量提升，无疑可以很好地完成这一任务。我们可以比较有把握地推测，当业绩量度质量上升，委托人将对代理人的实际努力更有把握，基于业绩的激励也更为慷慨，表现在数据上，我们应该可以观察到业绩量度质量与薪酬敏感性的正向关联。据此，本书提出假说 H4 – 17。

假说 H4 – 17：业绩评价的质量可以增强薪酬—业绩敏感度。

关系提供了委托人识别代理人业绩的非正式渠道，通过良好的沟通与紧密的私下联系，委托人可以比较有把握地识别出企业业绩与代理人努力之间的关联，因此，我们应该可以观测到关系与薪酬敏感性正相关。据此，本书提出假说 H4 – 18。

假说 H4 – 18：关系可以增强薪酬—业绩敏感度。

薪酬黏性是指一定量业绩上涨所带来的薪酬增加要高于等量业绩下降带来的薪酬减少，这种薪酬的"易升难降"特征被形象称呼为薪酬黏性。薪酬黏性源于信息不对称和重新缔约成本。如前所述，由于委托人可观测的最终业绩由经理人努力和环境因素所共同决定，委托人无法作出区分。代理人倾向于将业绩上升归因于自身努力，而将业绩下降归因于环境因素。由于代理人的信息优势，委托人在业绩下降时对代理人进行降薪缺乏信息支持的正当性。而且薪酬契约的制定往往植根于业绩上升的预期，遇到企业亏损时则往往缺乏相关的惩罚措施。即使在经济严重衰退、企业无法承担代理人的昂贵薪酬时，由于契约刚性和重新订约成本很高，削减代理人薪酬的难度也依然很大。

精确的业绩评价和委托人—代理人之间关系可以缓解其间的信息不对称，有助于委托人识别代理人的真正努力，进一步为削减其薪酬提供正当性支持，这可以减少薪酬黏性。此外，薪酬黏性受正式合同的刚性约束，当经济衰退时，重新签约的必要性增加。若是委托人和代理人具有紧密关系，关系还可以降低机会主义行为（Ouchi，1980），使得企业的缔约成本变小，这也可以减少薪酬黏性。据此，本书提出假说 H4 – 19 和假说 H4 – 20。

假说 H4 – 19：业绩评价的质量可以降低薪酬黏性。

假说 H4 – 20：上下级关系越紧密，则薪酬黏性越低。

第六节　关系、业绩评价与分权的匹配及其经济后果

组织规模的不断扩大，使得实务界和理论界对分权的呼声急剧高涨。然而，与此形成鲜明对比的是，尚未有明确的实证证据表明分权带来了良好的业绩效果。委托人向代理人分权扩大了代理人可选择的行动集合，并使之有充分的自由对行动集合中的具体行动进行权衡取舍（Jensen，2002；Prendergast，2002）。这使得分权成为一把双刃剑，既可能激发代理人的首创精神而后创造出优秀的业绩，也可能导致代理人谋取私利。纯粹的分权是一种误解，能够带来业绩提升的分权必须有控制机制与之相匹配（Abernethy，Bouwens and Lent，2004；Jensen and Meckling，1995；Moers，2006；Wruck and Jensen，1994）。

从约束角度而言，分权必须伴随相应的控制。如果法律足够完善的话，只

需要明确的契约控制即可。但是，中国的法律建制还不完善，单纯的契约设置并不足以控制经理人，还要依赖于非正式的控制机制如关系进行控制。可以推断，分权唯有与较高的业绩指标质量相匹配，或者分权与关系相匹配才可以引致良好的业绩。据此，本书提出假说 H4 – 21 和假说 H4 – 22。

假说 H4 – 21：关系与分权相匹配可带来较好的业绩。

假说 H4 – 22：业绩评价质量与分权相匹配可带来较好的业绩。

第五章

数据收集、变量计量与问卷评估

由于本书所使用的研究方法是问卷调查，在收集数据、变量构建和实证检验方面有诸多不同于标准的基于公开数据的实证研究之处，故本书将在本章对问卷研究细节进行具体说明。本章的内容安排如下：第一节介绍研究的数据收集方法，第二节介绍研究的变量构建和计量，第三节对本问卷各个变量的建构进行信度分析。

第一节　数据收集

本书之所以采用问卷调查的方式进行数据收集是出于如下两方面的考虑：一是为求获取一线管理会计实践的现实状况，本书的研究层次放在利润中心水平上，而在利润中心水平上，往往并不存在公开可取的数据；二是本书所想要测度的变量如关系、决策权力等难以直接用数字量化，需要借助问卷设计出相应的量表而后采取因子分析等技术对隐含于量表背后的变量进行提取。相对于场景局限的案例研究和实地研究，采用问卷调查能够收集更广泛的截面数据，形成较大的样本量，随着研究样本的增大，影响研究对象的众多非主要因素趋向于相互抵销，更容易发现变量间规律性的关系，这有助于研究结论的推广，为今后更广泛、更深入的研究提供良好的铺垫。相对于上市公司公开数据，问卷数据更为关注企业运营的具体细节，这不同于上市公司所公布的汇总性财务信息，我们可以获取公开财务数据所不能量度的诸多细节，而且在问卷调研中，我们一直强调企业自愿原则并承诺对信息保密，再加上巧妙的问题设计，问卷方法往往能获得其他方法无法获取的敏感信息。对于问卷调研的诟病常常是量度的质量问题，但事实上，问卷调查方法是社会科学中重要的研究方法。统计学、心理学理论的引入，为问卷调查奠定了强大的理论基础；研究者长期摸索形成的一系列规范程序，为保证研究的质量提供了保障。在现代管理会计学、管理学、组织学、心理学研究中，问卷调查已成为主要研究方法之一。本书认真遵循问卷调查的相关规则，细致参考了前人量表，并进行长期的设计和准备工作，前后持续两年时间，投入了大量资源与精力以确保问卷的质量。

研究所使用的全部数据均来自"中国企业业绩量度"的问卷调查，本次调查专门为此次研究而进行。为了取得质量优良的问卷，本书进行了悉心的准备工作，下面本书将按时间顺序详细向读者展示问卷设计和发放的流程工作。

2011年3月初至2012年6月，文献积累与问卷草创阶段。因为本书所研究内容跨越社会学和管理会计学两个领域，所以，本书对社会学中的"差序格局""关系"相关的文献进行了系统梳理，并归纳整合了常见的社会学者用于测度"关系"变量的量表；同时，本书也对管理会计研究中有关分权、业绩评价和组织设计的文献进行了全面整理。在完成上述一系列工作之后，本书对所需要考察的变量进行了问卷设计，具体到各个变量的量表尽量以已有的文献为基础，倘若匮乏相关文献，本书再参考已有理论并根据企业调研后的经验进行设计，但这部分变量非常少①。

2012年7月至10月上旬，问卷第一次修改阶段。本书根据初步设计的问卷专程拜访了某市一家汽车电子企业，并与该企业财务总监等管理人员进行了商讨和试填，为保证能充分消化实务工作者的意见，我们全程进行了录音并在回校后进行了比对和修改。

2012年10月，问卷第二次修改阶段。继而，本书邀请管理会计研究领域

---

① 事实上，在随后的变量构建和计量部分，本书将向读者详细展示，仅仅有一个变量的量表是本书根据理论自行设计的，其他所有变量都是来自已有的社会学研究和管理会计研究中现成的量表，当然，本书根据调研情况对之进行了细微调适。

相关的专家对第一次修改后的问卷进行了评价和指正，而后请三位博士生同学试填问卷，并请他们就内容的熟悉程度、内容全面程度、内容有无错漏、问题形式、遣词用句、问卷篇幅长短、适合填写的人员、回答所需时间等给出反馈意见。根据这些意见和问卷回答情况，本书对问卷作出第二次修改，除了完善内容，还尽量使用实务界人士日常接触的词汇，并将问卷长度从 12 页压缩至 8 页①，以便答卷者能在半个小时之内完成问卷。

2012 年 10 月下旬至 11 月下旬，问卷预测试及第三次修改阶段。本书选定了三家企业进行实地访谈，同时进行了初步的测试（pilot test），这三家企业有两家是玻璃化工制造业，一家是食品制造业，其中，前两家是国有企业，后面一家是民营企业。我们与企业的总经理、财务总监、总工程师及中层财务人员就修改后的问卷和预先准备的 14 个开放式问题进行了深入的一对一访谈，访谈使本书对企业实际的分权设计和业绩评价状况有了更具体的了解，并初步印证了原先设想的正确性。访谈结束后，本书根据问卷回答情况和访谈中得到的信息对整个问卷进行了相应的调整，将问卷做第三次大修改。

2012 年 12 月初，问卷最终修改及发放阶段。本书再次请管理会计研究领域的专家指出第三次修改后的问卷可能存在的问题，根据专家反馈的意见，本书调整了说明页的相关内容。而后我们借助上海财经大学与上海海事大学的教学资源，主要向 MBA、EMBA、MPACC 和访问学者发放问卷。我们请相关负责人物色了解企业质量管理、内部控制和财务业绩的中高层管理者填写。除此以外，本书还借助了专业的问卷调研企业——上海循环信息科技有限公司开发的"问卷星"这一问卷采集系统，在协议中，我们详细约束了填写者的管理层次等背景条件。

2012 年 12 月中旬至 2013 年 1 月上旬，问卷回收阶段。在此阶段，本书的研究团队以电话或 E-mail 敦促联系人，请其尽力在保证回答质量的基础上按时完成问卷。

整个问卷调查过程历时 20 个月，调研及发放阶段历时 6 个月，共发出 817

---

① 剔除封面和说明页，实际问题只占 6 页。

份问卷，其中，通过问卷星发放 776 份，回收 776 份，有效问卷为 314 份，有效问卷回收率为 40.46%；通过教学资源发放 41 份，回收 41 份①，有效问卷 20 份，有效问卷回收率为 48.78%。最后回收的有效问卷共计 334 份，其中，上市公司 123 家，占总数的 36.83%。现将研究样本的总体特征概述如下。

一、行业分布

从行业分布（见表 5-1）上看，本次调查所涉及的行业有 22 个。在 334 家企业中，所占比例在 10% 以上的行业有两个，其中，机械、设备、仪表占 13.77%，信息技术业占总样本观测数的 10.78%。样本中并未出现某一行业集聚的现象，这表明样本选取的随机性良好，而且行业分布的范围非常宽广，诸如农、林、牧、渔业等行业也有所涉及。样本公司中既有劳动密集型行业，也有资金密集型行业和技术密集型行业。行业分布的广泛性，既说明了我们样本选取的无偏性，又确保我们的研究结论有较大的推广价值。

表 5-1　　　　　　　　样本公司行业分布特征

行业名称	观测频数	百分比（%）	累计观测频数	累计百分比（%）
机械、设备、仪表	46	13.77	46	13.77
信息技术业	36	10.78	82	24.55
电子	29	8.68	111	33.23
批发和零售贸易	24	7.19	135	40.42
纺织、服装、皮毛	22	6.59	157	47.01
建筑业	19	5.69	176	52.69
交通运输、仓储业	18	5.39	194	58.08
房地产业	15	4.49	209	62.57
金属、非金属	15	4.49	224	67.07
多元化企业	13	3.89	237	70.96
社会服务业	13	3.89	250	74.85

① 本研究的回收率比较高是因为无论是问卷星还是通过教学资源索取问卷，都是通过访谈形式进行。回收问卷以后，本书根据事先设计的"陷阱问题"和数据缺失两条标准剔除了无效问卷。

行业名称	观测频数	百分比（%）	累计观测频数	累计百分比（%）
金融、保险业	11	3.29	261	78.14
食品、饮料	10	2.99	271	81.14
塑胶、塑料	10	2.99	281	84.13
造纸、印刷	10	2.99	291	87.13
电力、煤气及水生产和供应业	9	2.69	300	89.82
石油、化学	9	2.69	309	92.51
木材、家具	8	2.40	317	94.91
传播与文化产业	6	1.80	323	96.71
采掘业	4	1.20	327	97.90
医药、生物制品	4	1.20	331	99.10
农、林、牧、渔业	3	0.90	334	100.00

二、所有制分布

表 5-2 列示了样本公司的所有制分布。其中，民营企业占了总数的一半以上，而国有性质的企业次之，外商投资企业再次之。值得强调的是，研究中的"外资企业"是外商全资投资企业和中外合资企业的统称，之所以不区分这两者，原因在于这两类企业的管理风格基本是类似的，具有明显的西方管理特质（O'Connor，Chow and Wu，2004）。在样本企业中，民营企业的权重较大，为本书变量的获取提供了良好的条件，尤其是当前中国民营企业依旧弥漫着浓重的家族管理气息，关系在其中的重要性不言而喻，这有助于本书对上下级关系的测度。

表 5-2　　　　　　　　样本公司所有制分布特征

所有制性质	观测频数	百分比（%）	累计观测频数	累计百分比（%）
国有独资	30	8.98	30	8.98
国有控股	65	19.46	95	28.44
民营企业	181	54.19	276	82.63
外资企业	58	17.37	334	100.00

三、上市背景

表5-3列示了样本公司的上市情况，从表中数据可以看到，非上市公司占据了样本观测的大部分，为总观测数的63.17%，而上市公司仅占36.83%。

表5-3 样本公司上市背景分布特征

上市情况	观测频数	百分比（%）	累计观测频数	累计百分比（%）
非上市公司	211	63.17	211	63.17
上市公司	123	36.83	334	100.00

四、样本公司主要特征描述

（一）样本公司资产规模

表5-4展示了样本公司的资产规模情况，从中可以看到大部分样本公司的资产规模在10亿元以下，约占总数的76.05%。其中，规模在1000万元与5亿元之间的公司占据了大多数。

表5-4 样本公司的规模分布特征（按资产总额计）

资产规模	观测频数	百分比（%）	累计观测频数	累计百分比（%）
1000万元以下	44	13.17	44	13.17
1000万~5000万元	60	17.96	104	31.14
5000万~1亿元	68	20.36	172	51.50
1亿~5亿元	60	17.96	232	69.46
5亿~10亿元	22	6.59	254	76.05
10亿元以上	80	23.95	334	100.00

（二）样本公司雇员规模

表5-5展示了样本公司的雇员人数情况，100人以下或5000人以上的公司都占比较小，雇员人数集中在100~5000人，其中，又以200~500人的样

本公司为最多。

表 5 – 5　　　　　　　样本公司的规模分布特征（按员工人数计）

雇员规模	观测频数	百分比（%）	累计观测频数	累计百分比（%）
100 人以下	43	12.87	43	12.87
100～200 人	45	13.47	88	26.35
200～500 人	82	24.55	170	50.90
500～1000 人	49	14.67	219	65.57
1000～2000 人	37	11.08	256	76.65
2000～5000 人	40	11.98	296	88.62
5000～10000 人	16	4.79	312	93.41
10000 人以上	22	6.59	334	100.00

（三）样本公司已运营年限分布

由表 5 – 6 可以看到样本公司的运营年限分布情况，大部分样本公司的运营年限为 35 年以下，这与中国改革开放的时点相契合，其中，尤以 5～25 年的样本公司为最多，这与市场经济的逐步建立相对应。由此可见，样本公司对中国企业而言具有良好的代表性。

表 5 – 6　　　　　　　　样本公司的运营年限分布情况

公司已运营年限	观测频数	百分比（%）	累计观测频数	累计百分比（%）
5 年以下	16	4.79	16	4.79
5～10 年	64	19.16	80	23.95
10～15 年	97	29.04	177	52.99
15～20 年	65	19.46	242	72.46
20～25 年	35	10.48	277	82.93
25～30 年	18	5.39	295	88.32
30～35 年	18	5.39	313	93.71
35～40 年	4	1.20	317	94.91
40 年以上	17	5.09	334	100.00

五、受访者特征

(一) 受访者的年龄分布

表5-7显示受访者的年龄分布状况,一个有趣的现象是随着受访者年龄的提高,观测频数逐步降低,表中显示,受访者集中在40岁以下,本次调查的样本企业管理层普遍较为年轻。

表5-7 受访者的年龄分布

受访者年龄	观测频数	百分比(%)	累计观测频数	累计百分比(%)
35岁以下	126	37.72	104	31.14
35~39岁	104	31.14	230	68.86
40~44岁	79	23.65	309	92.51
45~49岁	21	6.29	330	98.80
50~55岁	2	0.60	332	99.40
55岁以上	2	0.60	334	100.00

(二) 受访者的工作年限分布

表5-8显示本次调查的受访者工作年限普遍在20年以下,这与前述样本企业的运营年限分布具有一定的关联,更为一般的,这与中国的市场化进程息息相关。从表中我们可以看到工作年限为6~10年的最为普遍。

表5-8 受访者的工作年限分布

受访者工作年限	观测频数	百分比(%)	累计观测频数	累计百分比(%)
1~5年	93	27.84	93	27.84
6~10年	140	41.92	233	69.76
11~15年	65	19.46	298	89.22
16~20年	27	8.08	325	97.31
20~30年	8	2.40	333	99.70
30年以上	1	0.30	334	100.00

（三）受访者的受教育水平分布

从表 5-9 可以看到，受访者的教育水平集中在大学本科和硕士两个层次上，这表明受访者的受教育水平比较高，这有助于受访者理解本次调查所设计问卷的主要内容和保证本次问卷调查的质量，也有助于保障本书结论的可靠性。

表 5-9 受访者的受教育水平分布

受访者教育水平	观测频数	百分比（%）	累计观测频数	累计百分比（%）
博士	7	2.10	7	2.10
硕士	79	23.65	86	25.75
大学本科	217	64.97	303	90.72
大专	28	8.38	331	99.10
大专以下	3	0.90	334	100.00

（四）受访者所在的职能部门分布

表 5-10 列示了受访者所在职能部门的分布情况，从表中可以看到，本次调查涉及各个职能部门，这使得样本具有良好的代表性。除此之外，在综合管理部门，本次调查所收获的样本最多，占到总样本观测的 1/3 以上。

表 5-10 受访者所在职能部门分布

受访者所在职能部门	观测频数	百分比（%）	累计观测频数	累计百分比（%）
会计/财务	28	8.38	28	8.38
人力资源	14	4.19	42	12.57
生产制造	43	12.87	85	25.45
项目管理	25	7.49	110	32.93
行政/后勤	6	1.80	116	34.73
研究开发	25	7.49	141	42.22
营销/销售	48	14.37	189	56.59
质量管理	32	9.58	221	66.17
综合管理	113	33.83	334	100.00

第二节 变量计量

本次调查问卷采用封闭式问题设计，形式分为两类：一类为对特定问题给出若干定性陈述供选择或请问卷回答者填空；另一类为问卷回答者需根据所在企业的现实情况与问卷陈述的吻合程度进行标注，典型的表述方式为：答案分为 7 个等级，1 = 完全不吻合，4 = 中等吻合，7 = 完全吻合①。从形式上，本问卷共分为 6 个部分，包括：1. 竞争战略与经营环境；2. 上下级信息分布、权力设置与关系；3. 业绩量度系统的质量；4. 业绩量度系统的用途；5. 企业业绩与薪酬；6. 背景资料。

本问卷具有四个核心构念：关系、分权、业绩指标的量度质量（简记为业绩量度质量）和业绩指标的职能（简记为业绩评价职能）。参考已有的研究，本书针对每一概念设计了相应的问卷，尤其值得一提的是，对于关系的测量，本书采取了两种方案。除却核心构念，为了对样本公司特征进行良好的控制，本书同时设计了一些情境变量：企业战略、环境不确定性、相互依赖性以及上下级之间的信息不对称程度，之所以控制住这些变量是因为已有文献的实证结果表明，这些变量会影响企业的分权或业绩评价设计。为了最后检测关系和业绩评价对薪酬制定的影响以及对于最终业绩的影响，本书同时设计了企业业绩和薪酬敏感性两个变量。由于本书研究的变量既涉及企业层面，又涉及管理人员的个体特征，企业特征和管理人员个体特征也需要被很好地控制，相关的控制变量主要由问卷的第六部分背景资料获取。

为了给予读者一个清晰的印象，也为了前后内容的一致性，本书将按照最终调研问卷的顺序逐一介绍本书对于各个变量的量表设计。

一、竞 争 战 略

无论是管理学文献，还是管理会计学文献，针对竞争战略所作的量表设计

---

① 具体的问卷细节可以参考附录中提供的本次调研所使用的最终问卷。

已经非常成熟，国内学者也已经进行过相关尝试。本书所使用的用以测量竞争战略的量表综合了已有的文献（Hyvönen，2007；Lillis and Van Veen-Dirks，2008），最终呈现的量表涉及企业运营过程中 16 个可能的运营策略，读者可以参考附录所提供的量表，限于篇幅，此处不再进行列示。

二、环境不确定性

企业的运营环境毫无疑问会对企业的组织状况产生深远的影响，为求考察这一影响，学者们对于环境不确定性开发出了成熟的量表。所谓环境不确定性一般可分解为某一环境要素对本公司的影响大小以及这一因素的可预测性，对于环境不确定性常见的量表设计一般围绕这两个层面进行（Moers，2006）。但本书在进行问卷预测试时发现，受访者一般不区分这两个层面，通过询问环境要素的可预测性就可以很好地反映企业的运营环境状况。本书最终使用的用于测度环境不确定性的量表共有 5 个问题，涉及客户或消费者需求与偏好、同行竞争者的竞争战略、本行业的技术发展趋势、供应商的行为与策略、经营所在地的政策和法律五类重要环境因素的可预测性。

三、相互依赖性

在讨论分权时，学者们一般都会考虑业务单位之间的协作，当业务单位之间相互依赖性较强时，总部向各个业务单位分权并非明智之举，因为有可能出现个别业务单位为求一己私利而损伤企业整体利益的情形。本书对于相互依赖性的量度主要参考已有文献（Abernethy，Bouwens and van Lent，2004；Bouwens and van Lent，2007），最终的量表共有 5 个问项。

四、信息不对称程度

通常而言，这里所谓的信息不对称程度意指先验的信息在上下级之间的分布，而非刻意的信息隐瞒。社会分工必然导致各个经济参与者在信息占有方面的差异，分权也因此才有必要。一般认为，下级越是了解企业运作，则越有分权的必要。对于信息不对称的量度，本书主要是参考已有文献（Bouwens and van Lent，2007），并根据实际调研的反馈做了微调，最终的量表共有 7 个问项。

五、决策权力

本书所谓决策权力，实际是决策权力向受访者的配置，由于本书要求受访者指定直接上级①，因而这里的决策权力配置实际是直接上级对于受访者的分权。决策权力向受访者配置越多，则意味着分权程度越大。对于决策权力的量度也已经有成熟的量表，本书参考了已有的文献（Abernethy，Bouwens and van Lent，2004；Moers，2006），并根据实际调研的反馈进行了增添，最终的量表共有 19 个问项。

六、上下级关系紧密程度

这是本书最重要的变量。费孝通从未对差序格局进行精确定义，他在《乡土中国》一书中所作的比喻性描述，在很大程度上难以被界定，从而也难以被测量。随后跟进阐述这一概念的学者，尽管有诸多不一致，但大多围绕亲缘关系和地缘关系来标注差序格局的内涵，所不同者，是他们将差序格局概念扩张，使之同时涵盖亲属、朋友、地缘、九同以及陌生人等各类人际交互模式（郑伯埙，1995；周建国，2010）。然而，这种描述性的工作，即便通过详细罗列来精确界定差序格局的外延，也很难在实证研究中进行操作。因为我们很难对已有研究者所列示的各种社会关系进行亲疏排序，而且越是外推的关系纹络越是难以进行编码，举例而言，我们很难判断纯粹地缘关系如"同乡"，一定比纯粹"朋友"关系更为亲密，我们可以很轻易地举出无数例证来支持或反驳这种过于主观的直觉判断。

为求解决这一问题，本书将差序格局的概念进一步明晰化，即抛开差序格

---

① 本书涉及直接上级（superior）概念。所谓直接上级是指直接对问卷填写者进行授权、考核或监督的其他高管，如问卷填写者的上司、上级主管、董事长、总部高管或其他有权直接约束问卷填写者经营管理行为的人员。

局概念中过于浅显的"关系"构面,直接探讨与之相伴随的人际信息沟通格局和信任格局。差序格局概念中所体现的亲疏差异,在很大程度上应当体现为不同层次的私下信息沟通与信任差异。通过描述私下信息沟通和信任差异,本书可以很方便地编码差序格局概念。这种抽象化处理的好处是避免了对难以判断的概念如"同乡"和"朋友"进行粗暴的主观任意编码,而直接关注差序格局对经济交易施加作用的渠道,也就是信息和信任。而且,现实经济发展的特色是经济活跃之地往往人才流动频繁,人与人之间的交往格局单纯使用亲缘或地缘进行描述,其结果很可能是,本书很少能在问卷中取得人与人交往格局的数据①,因为差序格局在当代中国很可能正在向"同学""朋友"等非亲缘、非地缘关系倾斜(林坤,2009)。当然,在技术处理上,抽象化也面临着一个潜在的指责,这种定量描述可能并非计量作者所欲计量的变量,仅仅是信息沟通格局与信任格局无法反映差序格局的丰富内涵。因此,本书也会使用差序格局研究支流所认可的外延,并将其在问卷最后列出。

本书对于关系的量度仍然借助了已有的文献(Law, Wong, Wang et al., 2000;Yen, Barnes and Wang, 2011),并根据实际调研的反馈进行了删减,最终的量表共有 10 个问项。

七、本单位业绩量度系统的总体质量

这是一个控制变量,在提问时并不针对具体指标进行限制,只需要取得受访者对于其管理的业务单位的业绩量度质量的整体观感。相关的量表来自有关的文献(Bouwens and van Lent, 2006),最终的量表共有 3 个问项。

八、对财务综合指标的量度质量

正如在本书第四章假说推导所展示的那样,对各类指标的测量质量是本书

---

① 在随后的问卷数据统计中,读者将看到这一考虑并非杞人忧天,在社会关系描述中,纯粹工作关系占样本总数的 76.95%,而非亲缘关系累计占样本总数的 93.11%,这种明显的数据截断,既可能来自本书所提出的当代中国差序格局内容的转移,也有可能来自样本填写人的隐瞒,但无论何种原因,以之来探讨差序格局的效力都将是比较有限的。

非常重要的变量。对于这一变量的测量已有很多学者给出过计量方案。比较标准的计量应当是默尔斯（Moers，2006）所提供的量表，在他的量表中，他将业绩指标的属性归为三个层面，根据各类业绩指标的计量在何种程度上会受到如下事项的影响而将业绩指标的属性区分为敏感度、精确度和可靠度。

（1）业绩指标的计量在何种程度上会受到经理人行为的影响：敏感度。

（2）业绩指标的计量在何种程度上会受到经理人不可控的因素的影响：精确度。

（3）业绩指标的计量在何种程度上会受到计量过程的影响：可靠度。

但在预测试时，按照他的量表，本书并不能很好地区分这三者。根据调研的经验，本书最终从量表中提取 4 个问项，但为了给予读者一个完整的印象，本书将默尔斯（Moers，2006）的问卷量表全部列示，本书使用的是他提供的后 4 个问项，即第 6 ～ 第 9 问项。

九、对内部流程非财务指标的量度质量

计量类似于财务综合指标的量度质量。

十、对外部非财务指标的量度质量

计量类似于财务综合指标的量度质量。

十一、业绩指标的控制职能（用途）①

根据理论上的划分，一般认为业绩指标具有控制和决策两种职能（用途）。本书根据已有的文献（van Veen-Dirks，2010），再按照实际调研的结果进行调整后得到的 20 个具体业绩指标询问受访者：这些业绩指标在何种程度上影响其奖金与薪酬，以之来量度各类指标在控制方面的使用情况。

---

① 业绩指标的职能或业绩指标的用途在本书中是同一概念，对应于英文单词"role"，本书在使用时根据上下文的表述来决定采取哪一表述方式。

十二、业绩指标的决策职能（用途）

与控制职能的量度类似，本书根据已有的文献（van Veen-Dirks，2010），再按照实际调研的结果进行调整后得到的 20 个具体业绩指标询问受访者：这些业绩指标以其在企业进行战略规划，投资、生产和营销决策，制定预算和计划，预测未来企业未来经营业绩等活动中的重要程度来量度各类指标在决策方面的使用情况。

十三、企业业绩

由于本书所研究的关系、分权和业绩评价的相互关联是一个长期均衡的结果，使用样本企业特定年份的业绩指标来反映企业的总体业绩情况是不太合适的，参考已有的文献（潘飞和张川，2008），本书设计了一个企业业绩的量表，这一量表强调企业近三年相对于同行的业绩表现，这样便可以兼顾测量长期业绩的需求，与同行业的比较也有助于我们剔除行业因素，考察企业更真实的业绩表现。本书所用企业业绩量表共有 9 个问项。

十四、薪酬业绩敏感性

所谓薪酬业绩敏感性，也就是薪酬追随业绩变动的敏感程度。本书所使用量表包括三个问项：第一个问项是总体的薪酬业绩敏感性描述；第二个问项是业绩上升时薪酬的敏感性；第三个问项是业绩下降时薪酬的敏感性。

十五、企业背景

本书所用问卷的企业背景部分有 15 个问题，除掉第 15 问是对上下级关系的直接测量以外，其他都是对样本企业特征和管理人员特征的描述，相关的统计结果本书已列示于本章第一节。当然，在实证检验部分，本书还会对其中的变量重新编码来做控制变量。

第三节　问卷的信度分析

一、问卷的信度

信度（reliability）即可靠性，是指采用同一方法对同一对象进行调查时，问卷调查结果的稳定性和一致性，即测量工具（问卷或量表）能否稳定地测量所测的事物或变量。一致性高的问卷是指同一群人接受性质相同、题型相同、目的相同的各种问卷测量后，在各测量结果之间显示出正相关。稳定性高的测量工具则是指一群人在不同时间、地点接受同一测量时，结果的差异很小。如果研究单位的属性不变、测量结果也不变，则这种测量是可信的，否则，就是不可信的。以货物重量的测量为例，某种货物第一次所称重量为 20 千克，再称一次仍然是 20 千克，那么作为一种测量手段，使用的磅秤是可信的，因为两次测量结果都是 20 千克，具有前后一致性。如果第一次称为 20 千克，第二次称为 25 千克，则所使用的磅秤就不可信。

在问卷调查中，所需测量的属性往往比货物重量这类属性复杂得多，其信度问题也就更加复杂。下述许多因素，如被调查者的年龄、职业、教育程度，以及问卷的内容、措辞、问题形式等都会影响答案的一致性。评价实证研究中变量计量的可靠性有四种方法：重复测试法（retest method）、备选形式法（alternative form method）、折半法（split-halves method）、内部一致性法（internal consistency method）。其中，前三种方法有很大的局限性，它们或者要求对同样的被调查者在不同的时间进行相同测试，或者要求使用两套不同形式的量表对同样的被调查者进行测试。比较而言，内部一致性法使用起来受限制较少，因为它只要求一次测试，而且它是可靠性估计的最一般形式。因此，本书采用内部一致性法进行可靠性测试。

一套计量工具的内部一致性指同量表项目之间的同质性（homogeneity）。内部一致性可用可靠性系数来估计，如 Cronbach α 系数。Cronbach α 可被看作相关系数，即该量表与所有含有其他可能项目数的子量表之间的平均相关系数。其大小可以反映量表受随机误差影响的程度，反映测试的可靠程度。系数值越大，则量表受随机误差的影响越小，测试越可靠。Cronbach α 可用于估计任何量表项目的内部一致性。运用内部一致性法，我们可以识别具有最高可靠系数值的量表。

二、本书主要变量的一致性分析

我们对本问卷所涉及的 14 个构念进行了内部一致性测试。为获得最高 Cronbach α 值，有必要从整套量表中删去一些项目。表 5-11 反映了被删除项目的序号及删除后各个因素的 Cronbach α 值。除却相互依赖性、财务综合指标的量度质量和薪酬敏感性的内部一致性测试结果较弱以外，其他各个变量的内部一致性测试结果均表现良好，Cronbach α 值都在 0.8 以上。

表 5-11　　　　　　　　　主要变量的内部一致性测试

变量英文名称	变量中文名称	删除问项数	删除问项编号	Cronbachα
strategy	竞争战略	3	4,13,15	0.83
uncertainty	环境不确定性	0		0.86
interdependence	相互依赖性	0		0.61
information	信息不对称	0		0.87
authority	决策权力	0		0.94
connection	上下级关系紧密程度	0		0.90
pmquality	业绩量度系统的总体质量	0		0.82
fpmquality	财务综合指标的量度质量	0		0.73
infpmquality	内部流程非财务指标的量度质量	0		0.83
onfpmquality	外部非财务指标的量度质量	0		0.83
pmcontrol	业绩量度系统的控制用途	3	6,9,10	0.93
pmdecision	业绩量度系统的决策用途	3	6,9,10	0.92
pm	企业业绩	0		0.84
pmsen	薪酬敏感性	0		0.56

三、问卷中各个问项得分的描述

为了向读者展示本次问卷调查的总体情况，也为了便于第六章因子分析时的表述，本书在此处对于各个问项进行编码。由于调查问卷所涉及的中文问题过长，不适于在表格中引用，本书将对各个问项提取关键词或关键词组，读者可以很容易地将其对应于原始问项。另外为了便于读者区分变量，本书还针对每个变量的问项进行了英文编码。举例而言，竞争战略的量表有 16 个问项，本书对之进行英文编码依次为 strategy1 ~ strategy16。同理，环境不确定性量表的英文编码为 uncertainty1 ~ uncertainty5，相互依赖性量表的英文编码为 interdependence1 ~ interdependence5，信息不对称量表的英文编码为 information1 ~ information7，决策权力量表的英文编码为 authority1 ~ authority19，上下级关系紧密程度量表的英文编码为 connection1 ~ connection10，业绩量度系统的总体质量量表的英文编码为 pmquality1 ~ pmquality3，财务综合指标量度质量量表的英文编码为 fpmquality1 ~ fpmquality9，内部流程非财务指标量度质量量表的英文编码为 infpmquality1 ~ infpmquality9，外部非财务指标量度质量量表的英文编码为 onfpmquality1 ~ onfpmquality9，业绩量度系统的控制用途量表的英文编码为 pmcontrol1 ~ pmcontrol20，业绩量度系统的决策用途量表的英文编码为 pmdecision1 ~ pmdecision20，企业业绩量表的英文编码为 pm1 ~ pm9，薪酬敏感性量表的英文编码为 pfp1 ~ pfp3。

表 5 – 12 列示了对各个问题项目重新编码后的统计结果，表中显示各个问项的得分普遍比较高，这是由设问方式造成的。尽管如此，标准差仍然显示出各个问项得分的良好变动性，这有助于随后的统计分析和实证检验。

表 5 – 12　　　　　　问卷各个问项的重新编码与总体描述

问项英文编码	问项中文编码	观测数	均值	中位数	标准差	最小值	最大值
strategy1	开发新技术	334	6.18	6	1.01	1	7
strategy2	供应商低价支持	334	5.88	6	1.06	1	7
strategy3	降低成本	334	6.06	6	1.03	1	7
strategy4	精简行政机构	334	5.30	5	1.14	1	7

续表

问项英文编码	问项中文编码	观测数	均值	中位数	标准差	最小值	最大值
strategy5	迅速扩大产能	334	5.37	6	1.22	1	7
strategy6	提高生产效率	334	6.12	6	0.86	1	7
strategy7	高质量	334	6.33	7	0.87	1	7
strategy8	难以模仿	334	6.12	6	1.11	1	7
strategy9	产品多样化	334	5.79	6	1.17	1	7
strategy10	个性定制	334	5.60	6	1.19	1	7
strategy11	迅速更新产品	334	5.81	6	1.13	1	7
strategy12	低价销售	334	4.56	5	1.47	1	7
strategy13	扩大市场份额	334	5.90	6	1.01	1	7
strategy14	大量广告	334	5.00	5	1.35	1	7
strategy15	广泛销售渠道	334	5.99	6	1.07	1	7
strategy16	优质售后服务	334	6.23	6	0.92	2	7
uncertainty1	客户需求与偏好	334	4.63	5	1.28	1	7
uncertainty2	同行竞争者	334	4.69	5	1.27	1	7
uncertainty3	行业技术发展	334	5.06	5	1.28	1	7
uncertainty4	供应商行为	334	4.93	5	1.28	1	7
uncertainty5	政策和法律	334	4.83	5	1.37	1	7
information1	日常运营	334	5.16	5	1.47	1	7
information2	人事调整	334	4.59	5	1.73	1	7
information3	生产运作	334	5.44	6	1.38	1	7
information4	预测未来业绩	334	4.82	5	1.54	1	7
information5	技术细节前沿	334	5.40	6	1.43	1	7
information6	外部环境变化	334	4.92	5	1.48	1	7
information7	真实潜力	334	5.46	6	1.38	1	7
authority1	制定经营策略	334	4.83	5	1.68	1	7
authority2	制定预算	334	4.90	5	1.70	1	7
authority3	建设管理信息系统	334	5.16	5	1.41	1	7
authority4	选择投资项目	334	4.48	5	1.73	1	7

续表

问项英文编码	问项中文编码	观测数	均值	中位数	标准差	最小值	最大值
authority5	开辟新市场	334	4.89	5	1.70	1	7
authority6	开发新产品	334	5.14	6	1.57	1	7
authority7	更改产品设计	334	5.22	5	1.37	1	7
authority8	改进生产流程	334	5.23	6	1.47	1	7
authority9	出售某项业务	334	4.24	5	1.98	1	7
authority10	购买新设备	334	5.11	5	1.55	1	7
authority11	采购	334	5.38	6	1.49	1	7
authority12	外包或自产决策	334	5.07	5	1.49	1	7
authority13	调配财物资源	334	5.37	6	1.45	1	7
authority14	调配人力资源	334	5.43	6	1.38	1	7
authority15	聘任与解雇下属	334	5.28	6	1.55	1	7
authority16	对下属考评	334	6.04	6	1.08	1	7
authority17	对下属奖惩	334	5.92	6	1.14	1	7
authority18	产品定价	334	4.98	5	1.55	1	7
authority19	广告支出	334	4.59	5	1.69	1	7
connection1	进餐	334	4.36	5	1.68	1	7
connection2	问候或拜访	334	4.79	5	1.70	1	7
connection3	生日礼物	334	5.06	5	1.76	1	7
connection4	互相帮忙	334	5.20	5	1.42	1	7
connection5	认同帮助上级	334	5.34	6	1.34	1	7
connection6	与直接上级谈心	334	4.94	5	1.53	1	7
connection7	坦诚相待	334	5.22	5	1.27	1	7
connection8	理解和体谅	334	5.13	5	1.35	1	7
connection9	上级非常关心您	334	5.01	5	1.29	1	7
connection10	坚定不移支持上级	334	4.82	5	1.35	1	7
pmquality1	准确测量产出	334	5.51	6	1.08	1	7
pmquality2	准确识别努力与产出	334	5.46	5	1.15	1	7
pmquality3	客观业绩指标	334	5.78	6	1.14	1	7

续表

问项英文编码	问项中文编码	观测数	均值	中位数	标准差	最小值	最大值
fpmquality1	宏观经济行情	334	5.44	6	1.11	1	7
fpmquality2	协作部门影响	334	4.92	5	1.37	1	7
fpmquality3	顾客行为	334	5.42	6	1.22	1	7
fpmquality4	供应商行为	334	5.15	5	1.38	1	7
fpmquality5	同行竞争者	334	5.13	5	1.30	1	7
fpmquality6	努力贡献显现	334	5.22	5	1.22	1	7
fpmquality7	测量过程	334	5.54	6	1.05	2	7
fpmquality8	客观公正	334	5.60	6	1.03	2	7
fpmquality9	定量数字描述	334	5.63	6	1.07	1	7
infpmquality1	宏观经济行情	334	4.76	5	1.45	1	7
infpmquality2	协作部门影响	334	4.97	5	1.38	1	7
infpmquality3	顾客行为	334	5.01	5	1.40	1	7
infpmquality4	供应商行为	334	4.93	5	1.43	1	7
infpmquality5	同行竞争者	334	4.84	5	1.42	1	7
infpmquality6	努力贡献显现	334	5.31	5	1.19	1	7
infpmquality7	测量过程	334	5.46	6	1.13	2	7
infpmquality8	客观公正	334	5.54	6	1.13	1	7
infpmquality9	定量数字描述	334	5.19	5	1.28	1	7
onfpmquality1	宏观经济行情	334	5.06	5	1.32	1	7
onfpmquality2	协作部门影响	334	4.80	5	1.37	1	7
onfpmquality3	顾客行为	334	5.30	5	1.26	1	7
onfpmquality4	供应商行为	334	5.08	5	1.32	1	7
onfpmquality5	同行竞争者	334	5.06	5	1.30	1	7
onfpmquality6	努力贡献显现	334	5.19	5	1.28	1	7
onfpmquality7	测量过程	334	5.26	5	1.23	1	7
onfpmquality8	客观公正	334	5.38	6	1.18	1	7
onfpmquality9	定量数字描述	334	5.04	5	1.34	1	7
pmcontrol1	原材料利用效率	334	5.12	5	1.43	1	7

问项英文编码	问项中文编码	观测数	均值	中位数	标准差	最小值	最大值
pmcontrol2	原材料成本	334	5.39	6	1.33	1	7
pmcontrol3	设备利用效率	334	4.99	5	1.47	1	7
pmcontrol4	装机效率	334	4.78	5	1.50	1	7
pmcontrol5	劳动力利用效率	334	5.49	6	1.26	1	7
pmcontrol6	工作安全保障	334	5.67	6	1.19	1	7
pmcontrol7	兄弟单位支持	334	4.79	5	1.37	1	7
pmcontrol8	存货周转次数	334	5.25	5	1.34	1	7
pmcontrol9	推出新产品	334	5.37	6	1.39	1	7
pmcontrol10	出货质量	334	5.86	6	1.36	1	7
pmcontrol11	残次品率	334	5.46	6	1.45	1	7
pmcontrol12	完成订单速度	334	5.60	6	1.33	1	7
pmcontrol13	交付产品	334	5.76	6	1.28	1	7
pmcontrol14	解决客户问题	334	5.54	6	1.27	1	7
pmcontrol15	更改产品参数	334	5.44	6	1.33	1	7
pmcontrol16	客户满意度	334	5.86	6	1.24	1	7
pmcontrol17	客户投诉数量	334	5.58	6	1.22	1	7
pmcontrol18	退货和保修	334	5.46	6	1.32	1	7
pmcontrol19	销售额	334	6.10	6	1.16	1	7
pmcontrol20	净利润	334	5.97	6	1.22	1	7
pmdecision1	原材料利用效率	334	5.81	6	1.13	1	7
pmdecision2	原材料成本	334	5.76	6	1.01	2	7
pmdecision3	设备利用效率	334	5.63	6	1.12	2	7
pmdecision4	装机效率	334	5.27	5	1.24	1	7
pmdecision5	劳动力利用效率	334	5.81	6	1.05	1	7
pmdecision6	工作安全保障	334	5.89	6	1.12	1	7
pmdecision7	兄弟单位支持	334	4.99	5	1.30	1	7
pmdecision8	存货周转次数	334	5.55	6	1.03	2	7
pmdecision9	推出新产品	334	5.63	6	1.26	1	7

续表

问项英文编码	问项中文编码	观测数	均值	中位数	标准差	最小值	最大值
pmdecision10	出货质量	334	6.13	6	1.07	1	7
pmdecision11	残次品率	334	5.79	6	1.13	1	7
pmdecision12	完成订单速度	334	5.82	6	1.03	1	7
pmdecision13	交付产品	334	5.91	6	1.08	1	7
pmdecision14	解决客户问题	334	5.80	6	1.08	2	7
pmdecision15	更改产品参数	334	5.65	6	1.18	1	7
pmdecision16	客户满意度	334	6.04	6	0.99	2	7
pmdecision17	客户投诉数量	334	5.72	6	1.11	1	7
pmdecision18	退货和保修	334	5.70	6	1.13	1	7
pmdecision19	销售额	334	6.19	6	0.91	2	7
pmdecision20	净利润	334	6.23	6	0.91	2	7
pm1	平均利润	334	5.32	5	0.94	2	7
pm2	市场占有率	334	5.29	5	0.99	2	7
pm3	创新	334	5.28	5	1.09	1	7
pm4	财务利用效率	334	5.27	5	1.01	2	7
pm5	劳动利用效率	334	5.28	5	1.06	1	7
pm6	客户满意度	334	5.70	6	0.89	1	7
pm7	员工满意度	334	5.45	5	0.96	3	7
pm8	产品质量	334	5.76	6	0.90	2	7
pm9	退货和保修	334	4.28	4	1.72	1	7
pfp1	薪酬业绩敏感性	334	5.90	6	1.08	1	7
pfp2	盈利敏感性	334	4.93	5	1.40	1	7
pfp3	亏损敏感性	334	4.43	4	1.40	1	7

第六章

因子分析、统计描述与模型构建

第一节　问卷的效度评估与因子分析

效度是指问卷正确测量研究者所要测量的变量的程度。问卷或其他测量工具如果缺乏有效性，对调研人员来说，它们基本上就毫无意义，因为他们不能测量所要测量的东西。效度有两个基本要求：一是测量手段确实是在测量所要测量对象的属性，而非其他属性；二是测量手段能准确测量该属性。当某一测量手段符合上述要求时，它就是有效的。对效度进行评价一般从三个层面进行，具体包括内容效度、准则效度和建构效度。

内容效度（content validity）也称为表面效度或逻辑效度，指的是测量的内容与测量目标之间是否适合，也可以说是指测量所选择的项目是否"看起来"符合测量的目的和要求。内容效度的高低取决于研究者所设计的计量项目能否涵盖所研究概念的全部内容。内容效度很难定量计量，它主要依靠研究者的主观判断。当研究人员详细检查每一个问题，对问卷进行评估，分析问卷内容切合主题程度的时候，就是在对问卷内容的有效性进行评估。本书所使用的量表均具有较高的内容效度，因为本书所有计量项目都是在广泛阅览相关文献并与该领域内的专家学者进行探讨后筛选出来的，对四家企业初步测试的结果也显示各计量项目能恰当代表各研究对象的属性。

准则效度也称预测效度，是指量表所得到的数据和其他被选择的变量（准则变量）的值相比是否有意义。根据时间跨度的不同，准则效度可分为同时效度和预测效度。例如，从一项电视机消费者购买行为调查中发现，调查结果与目前市场品牌占有率有相当的相关性（具有同时效度），而且与未来消费者会购买哪一种品牌也具有相关性（具有预测效度）时，这表明一份调查问卷具有相当高的准则效度。本书未找到与各构念理论上有较强联系的准则变量，故未进行准则效度的测试。

建构效度指测量工具能够正确计量理论构念及其属性的程度。建构效度最关心的问题是：量表实际测量的是哪些特征？在评价建构效度时，调研人员要试图解释"量表为什么有效"这一理论问题以及考虑从这一理论问题中能得出什么推论。建构效度要求对每个特征的测量背后有足够的理论支持，并且这些被测量的特征之间应该有合理的关系。建构效度由三个方面构成：单维效度（uni-dimensional validity）、趋同效度（convergent validity）和判别效度（discriminant validity）。单维效度指量表下项目可由唯一潜在变量表示的程度。趋同效度是指量表所测结果与对同一特征的其他测量之间相互关联的程度。判别效度是指量表所测结果和对其他不同特征的测量不相关联的程度。在设计量表时，首先建立一个理论模型，然后从中导出一系列推论、测试，逐渐形成一个由几个特征系统联系起来的语义逻辑网。从表面上看，就是含有多个有关测量对象和测量项目的量表。评价建构效度就是要在这个量表的背景下进行。建构效度是指测量工具所能测量到理论概念的程度，也就是说，若将测量工具所得的结果与相同理论下的其他概念相比较，当两者具有某种预期的相关性时，就表示这种测量工具具有某种程度的建构效度。

本书只对单维效度进行测试。具体测试方法主要是用因子分析看各项目是否构成单一因子。后面部分的因子分析主要有两个目的：一是检验各量表的效度；二是分离出各构念中可进行假设检验的因子。

一、对竞争战略的因子分析

传统的文献倾向于对竞争战略进行线性度量，即寻找出企业在成本领先和差异化之间某一点的得分，其内在逻辑是企业必须权衡成本领先和差异化，二者此消彼长。新近的研究开始质疑这一逻辑，因为现实中往往存在既关注产品差异同时又注意成本节约的企业，在量度企业战略导向时，他们开始关注企业在各个战略导向上的平衡得分（Lillis and Van Veen-Dirks，2008）。本书对战略的处理遵循这一潮流，根据因子分析结果来测算企业在各个战略导向上的得分。对竞争战略的因子分析结果如表6-1所示。

表6-1 竞争战略量表方差最大化旋转后的因子载荷

问项英文编码	问项中文编码	客户化战略	市场占有战略	成本领先战略
strategy11	迅速更新产品	0.686639 *	0.303989	0.059229
strategy1	开发新技术	0.645255 *	0.062422	0.189526
strategy9	产品多样化	0.611426 *	0.424275	-0.07190
strategy10	个性定制	0.604553 *	0.348390	-0.0343
strategy7	高质量	0.602676 *	0.007093	0.400616
strategy16	优质售后服务	0.520524 *	0.171995	0.186167
strategy8	难以模仿	0.49149 *	0.09997	0.083848
strategy6	提高生产效率	0.482162 *	0.037127	0.28384
strategy12	低价销售	-0.00942	0.699152 *	0.147276
strategy14	大量广告	0.232648	0.496581 *	0.088237
strategy5	迅速扩大产能	0.245938	0.474686 *	0.121831
strategy3	降低成本	0.16145	0.058420	0.633518 *
strategy2	供应商低价支持	0.082986	0.265653	0.582915 *
特征值		4.38763	1.415870	1.347417
解释方差比率		0.337510	0.108913	0.103647
累计解释方差比率		0.337510	0.446423	0.550071

注：＊表示P小于0.1。

表6-1列示了竞争战略的因子载荷数据，采用方差最大化旋转以便分离出各个战略，而且要求最后分离出的因子特征值大于1，方差最大化以及特征值大于1的处理同时也适用于本书随后进行的因子分析过程。如第五章第三节所述，本书删除了竞争战略量表的第4、第13、第15三个问项，以保证令人满意的Cronbach α值。加入第4、第13、第15问项进行因子分析时，本书发现这三者的归属是违反逻辑的，这从侧面印证了将之删除的合理性。各个问项在各个因子上的得分可从表6-1中看到，由于使用了方差最大化旋转，这使得各个问项会在某一个因子上的载荷最大，在某一个因子上具有相对于其他因子的更高载荷的问项可以被良好地归为一类，这可以便利本书对企业采取的战略进行测

量。为便于观察和分析，本书将每个问项在三个因子上的最大载荷以"＊"标注出来。根据因子分析的结果，本书将企业可能采用的战略归为三类，即客户化战略、市场占有战略、成本领先战略，这同时也对应着由竞争战略量表所提取的三个因子。最终提取的三个因子可以解释量表总体方差的55%[①]。

客户化战略包括 8 个问项，依据载荷大小，依次为迅速更新产品、开发新技术、产品多样化、个性定制、高质量、优质售后服务、难以模仿以及提高生产效率，这些问项可以归结为企业对客户的重视，因而本书称之为客户化战略。市场占有战略包括 3 个问项，依据载荷大小，依次为低价销售、大量广告以及迅速扩大产能，这些问项可以归结为企业对扩大市场占有的重视，因而本书称之为市场占有战略。成本领先战略包括两个问项，依次为降低成本和供应商低价支持，这两者可以很直观地理解为企业对降低成本的重视。本书对战略的因子分析结果与已有的研究结果非常相似（Lillis and Van Veen-Dirks，2008），而且可以很合乎现实地对问项进行归集，因此，竞争战略的量表具有良好的效度。

二、对环境不确定性的因子分析

本书对于环境不确定性量表的 5 个问项进行因子分析，按照特征值大于 1 的标准，使用方差最大化旋转得到一个因子，这个因子即为环境不确定性。环境不确定性因子的特征值为 3.185，它可以解释 63.7% 的量表总体方差。详细的因子载荷数据如表 6 - 2 所示。

表 6 - 2　　　　环境不确定性量表方差最大化旋转后的因子载荷

问项英文编码	问项中文编码	环境不确定性
uncertainty4	供应商行为	0.793886
uncertainty3	行业技术发展	0.792443
uncertainty2	同行竞争者	0.78763

---

① 通过追加更多因子当然可以提高因子对于方差的解释力，但是追加的因子特征值小于 1 又违反了因子分析时提取因子的一般处理原则，在本书的因子分析中，优先满足特征值大于 1 的标准。实际上，从本书的经验来看，特征值大于 1 可以确保因子被良好地以符合现实的方式被提取出来。

续表

问项英文编码	问项中文编码	环境不确定性
uncertainty1	客户需求与偏好	0.677125
uncertainty5	政策和法律	0.641545
特征值		3.185051
解释方差比率		0.637010
累计解释方差比率		0.637010

三、对相互依赖性的因子分析

本书使用方差最大化旋转对相互依赖性量表进行因子分析，按照特征值大于1的标准，本书从量表中提取了两个因子，分别命名为相互支持和上下游整合，其特征值分别为1.986与1.205，两者累计可解释量表63.83%的方差。相互支持因子包括3个问项，依据载荷大小，依次为外部对内影响、自身对外影响以及其他支持，这些问项可以归结为受访者管理的业务单位与隶属于同一企业或集团的其他业务单位的相互支持情况，因而本书称之为相互支持。上下游整合因子包括两个问项，依据载荷大小，依次为产品对内销售和原料内部供给，这两者反映了受访者所在企业或集团的产业链整合程度，因而本书将之称为上下游整合。详细的因子载荷数据如表6-3所示。

表6-3　　　　　　　相互依赖性量表方差最大化旋转后的因子载荷

问项英文编码	问项中文编码	相互支持	上下游整合
interdependence3	外部对内影响	0.663398 *	0.208328
interdependence2	自身对外影响	0.546759 *	− 0.03945
interdependence1	其他支持	0.526679 *	0.24873
interdependence5	产品对内销售	0.046316	0.706141 *
interdependence4	原料内部供给	0.178428	0.601615 *
特征值		1.986160	1.205426
解释方差比率		0.397232	0.241085
累计解释方差比率		0.397232	0.63831

注：* 表示 P 小于 0.1。

四、对信息不对称程度的因子分析

本书使用方差最大化旋转对信息不对称量表进行因子分析，按照特征值大于 1 的标准，本书从量表中提取了两个因子，分别命名为技术信息和日常管理信息，其特征值分别为 3.954 与 1.023，这两者累计可解释量表 71.10% 的方差。技术信息因子包括 5 个问项，依据载荷大小，依次为技术细节前沿、真实潜力、生产运作、预测未来业绩以及外部环境变化，这些问项可以归结为企业生产运营方面的专业技术信息，因而本书称之为技术信息。日常管理信息因子包括两个问项，依据载荷大小，依次为日常运营和人事调整，这两者反映了企业日常运营中的管理信息，因而本书将之称为日常管理信息。详细的因子载荷数据如表 6-4 所示。

表 6-4　　　　　信息不对称程度量表方差最大化旋转后的因子载荷

问项英文编码	问项中文编码	技术信息	日常管理信息
information5	技术细节前沿	0.850660 *	0.106235
information7	真实潜力	0.708656 *	0.318086
information3	生产运作	0.69665 *	0.299618
information4	预测未来业绩	0.593750 *	0.433856
information6	外部环境变化	0.563016 *	0.430017
information1	日常运营	0.22465	0.791543 *
information2	人事调整	0.250733	0.73932 *
特征值		3.954233	1.02303
解释方差比率		0.564890	0.146148
累计解释方差比率		0.564890	0.711038

注：* 表示 P 小于 0.1。

五、对决策权力的因子分析

本书使用方差最大化旋转对决策权力量表进行因子分析，按照特征值大于 1 的标准，本书从量表中提取了三个因子，分别命名为重大决策权力、资源调配权力和人事权力，其特征值分别为9.164、2.205与1.079，三者累计可解释量表65.52%的方差。重大决策权力因子包括12个问项，依据载荷大小，依次为选择投资项目、制定经营策略、开辟新市场、制定预算、开发新产品、出售某项业务、建设管理信息系统、更改产品设计、广告支出、购买新设备、产品定价以及改进生产流程，这些问项涉及企业未来经营导向，属于方向性的重大决策权力，因而本书称之为重大决策权力。资源调配权力因子包括5个问项，依据载荷大小，依次为调配财物资源、外包或自产决策、调配人力资源、采购以及聘任与解雇下属，这些问项均与企业内的资源调配有关，因此本书将之称为资源调配权力。人事权力因子包括两个问项，依据载荷大小，依次为对下属考评和对下属奖惩，这两者反映的是受访者在管理下属方面的人事权力，因此本书将其称为人事权力。详细的因子载荷数据如表6-5所示。

表6-5　　　　　　决策权力量表方差最大化旋转后的因子载荷

问项英文编码	问项中文编码	重大决策权力	资源调配权力	人事权力
authority4	选择投资项目	0.812246 *	0.197901	-0.01919
authority1	制定经营策略	0.797016 *	0.167917	0.127234
authority5	开辟新市场	0.728879 *	0.273710	0.103660
authority2	制定预算	0.707466 *	0.215207	0.022298
authority6	开发新产品	0.686050 *	0.238491	0.233486
authority9	出售某项业务	0.642056 *	0.297251	-0.00895
authority3	建设管理信息系统	0.617988 *	0.248301	0.193532
authority7	更改产品设计	0.585071 *	0.305447	0.399152
authority19	广告支出	0.574464 *	0.458616	0.047308
authority10	购买新设备	0.52894 *	0.497270	0.144988
authority18	产品定价	0.480857 *	0.477702	0.239185
authority8	改进生产流程	0.444139 *	0.398993	0.330716
authority13	调配财物资源	0.224809	0.765170 *	0.260292
authority12	外包或自产决策	0.375701	0.737008 *	0.143471
authority14	调配人力资源	0.20817	0.645251 *	0.425033
authority11	采购	0.45300	0.621665 *	0.163882
authority15	聘任与解雇下属	0.242635	0.470102 *	0.397172
authority16	对下属考评	0.032595	0.170683	0.87610 *

续表

问项英文编码	问项中文编码	重大决策权力	资源调配权力	人事权力
authority17	对下属奖惩	0.065726	0.245300	0.80686 *
特征值		9.164365	2.20493	1.079300
解释方差比率		0.482335	0.11604	0.056805
累计解释方差比率		0.482335	0.598384	0.655189

注：＊表示 P 小于 0.1。

六、对上下级关系紧密度的因子分析

本书使用方差最大化旋转对上下级关系紧密度量表进行因子分析，按照特征值大于 1 的标准，本书从量表中提取了一个因子，命名为关系，其特征值为 5.346，可解释量表 53.46% 的方差。关系因子包括 10 个问项，依据载荷大小，依次为互相帮忙、问候或拜访、上级非常关心您、与直接上级谈心、进餐、理解和体谅、生日礼物、认同帮助上级、坦诚相待以及坚定不移支持上级。详细的因子载荷数据如表 6-6 所示。

表 6-6　　　　上下级关系紧密度量表方差最大化旋转后的因子载荷

问项英文编码	问项中文编码	关系
connection4	互相帮忙	0.775106
connection2	问候或拜访	0.746395
connection9	上级非常关心您	0.740716
connection6	与直接上级谈心	0.73818
connection1	进餐	0.737764
connection8	理解和体谅	0.731770
connection3	生日礼物	0.690347
connection5	认同帮助上级	0.673650
connection7	坦诚相待	0.610686
connection10	坚定不移支持上级	0.468663
特征值		5.34598
解释方差比率		0.534598
累计解释方差比率		0.534598

七、对本单位总体业绩量度质量的因子分析

本书使用方差最大化旋转对本单位总体业绩量度质量量表进行因子分析，按照特征值大于1的标准，本书从量表中提取了一个因子，命名为总体业绩量度质量，其特征值为2.198，可解释量表73.25%的方差。总体业绩量度质量因子包括3个问项，依据载荷大小，依次为准确测量产出、准确识别努力与产出以及客观业绩指标。详细的因子载荷数据如表6-7所示。

表6-7　　本单位总体业绩量度质量量表方差最大化旋转后的因子载荷

问项英文编码	问项中文编码	总体业绩量度质量
pmquality1	准确测量产出	0.820848
pmquality2	准确识别努力与产出	0.805545
pmquality3	客观业绩指标	0.696846
特征值		2.197563
解释方差比率		0.732521
累计解释方差比率		0.732521

八、对本单位财务综合指标质量的因子分析

如本书第五章第二节所述，在预测试时，按照默尔斯（Moers，2006）的量表，本书并不能很好地区分业绩指标的敏感度、精确度和可靠度。根据调研的经验，本书最终从量表中提取4个问项，但为了给予读者一个完整的印象，本书将默尔斯（Moers，2006）的问卷量表全部列示，本书使用的是他提供的后4个问项，即第6~第9问项。本书使用方差最大化旋转对本单位财务综合指标质量量表进行因子分析，按照特征值大于1的标准，本书从量表中提取了一个因子，命名为财务综合指标质量，其特征值为2.221，可解释量表55.54%的方差。财务综合指标质量因子包括4个问项，依据载荷大小，依次为测量过程、客观公正、努力贡献显现以及定量数字描述。详细的因子载荷数据如表6-8所示。

表6-8　　本单位财务综合指标质量量表方差最大化旋转后的因子载荷

问项英文编码	问项中文编码	财务综合指标质量
fpmquality7	测量过程	0.800801
fpmquality8	客观公正	0.768111
fpmquality6	努力贡献显现	0.524494
fpmquality9	定量数字描述	0.457782
特征值		2.221475
解释方差比率		0.555368
累计解释方差比率		0.555368

九、对内部流程非财务指标质量的因子分析

本书使用方差最大化旋转对本单位内部流程非财务指标质量量表进行因子分析，按照特征值大于1的标准，本书从量表中提取了一个因子，命名为内部流程非财务指标质量，其特征值为2.650，可解释量表66.24%的方差。内部流程非财务指标质量因子包括4个问项，依据载荷大小，依次为测量过程、客观公正、努力贡献显现以及定量数字描述。详细的因子载荷数据如表6-9所示。

表6-9　　本单位内部非财务指标质量量表方差最大化旋转后的因子载荷

问项英文编码	问项中文编码	内部流程非财务指标质量
infpmquality7	测量过程	0.847266
infpmquality8	客观公正	0.814297
infpmquality6	努力贡献显现	0.654876
infpmquality9	定量数字描述	0.649499
特征值		2.649568
解释方差比率		0.662392
累计解释方差比率		0.662392

十、对外部非财务指标质量的因子分析

本书使用方差最大化旋转对本单位外部非财务指标质量量表进行因子分

析，按照特征值大于 1 的标准，本书从量表中提取了一个因子，命名为外部非财务指标质量，其特征值为 2.681，可解释量表 67.02% 的方差。外部非财务指标质量因子包括 4 个问项，依据载荷大小，依次为测量过程、客观公正、定量数字描述以及努力贡献显现。详细的因子载荷数据如表 6-10 所示。

表 6-10　本单位外部非财务指标质量量表方差最大化旋转后的因子载荷

问项英文编码	问项中文编码	外部非财务指标质量
onfpmquality7	测量过程	0.847430
onfpmquality8	客观公正	0.795569
onfpmquality9	定量数字描述	0.695086
onfpmquality6	努力贡献显现	0.655683
特征值		2.680669
解释方差比率		0.670167
累计解释方差比率		0.670167

十一、对业绩指标控制职能的因子分析

本书使用方差最大化旋转对业绩指标控制职能量表进行因子分析，按照特征值大于 1 的标准，本书从量表中提取了 3 个因子，分别命名为外部非财务指标控制职能、内部非财务指标控制职能和财务业绩指标控制职能，其特征值分别为 8.346、1.719 和 1.209，三者累计可解释量表 66.32% 的方差。外部非财务指标控制职能因子包括 8 个问项，依据载荷大小，依次为解决客户问题、客户满意度、客户投诉数量、交付产品、更改产品参数、完成订单速度、退货和保修以及残次品率，这些问项涉及企业外部非财务指标的控制职能，因而本书称之为外部非财务指标控制职能。内部非财务指标控制职能因子包括 7 个问项，依据载荷大小，依次为设备利用效率、装机效率、原材料利用效率、原材料成本、存货周转次数、劳动力利用效率以及兄弟单位支持，这些问项反映的是内部非财务指标在企业控制管理人员方面的用途，因此本书将之称为内部非财务指标控制职能。财务业绩指标控制职能因子包括两个问项，依据载荷大小，依次为净利润和销售额，这两者反映的是财务业绩指标在企业控制管理人

员方面的用途，因此本书将之称为财务业绩指标控制职能。详细的因子载荷数据如表 6 – 11 所示。

表 6 – 11　　业绩指标控制职能量表方差最大化旋转后的因子载荷

问项英文编码	问项中文编码	外部非财务指标控制职能	内部非财务指标控制职能	财务业绩指标控制职能
pmcontrol14	解决客户问题	0.789858 *	0.293711	0.103319
pmcontrol16	客户满意度	0.719895 *	0.22870	0.291365
pmcontrol17	客户投诉数量	0.708674 *	0.172493	0.162357
pmcontrol13	交付产品	0.681428 *	0.293157	0.276866
pmcontrol15	更改产品参数	0.607720 *	0.458447	0.138932
pmcontrol12	完成订单速度	0.60124 *	0.394486	0.223393
pmcontrol18	退货和保修	0.580794 *	0.331823	0.270027
pmcontrol11	残次品率	0.544084 *	0.407911	0.191124
pmcontrol3	设备利用效率	0.218029	0.840401 *	0.07531
pmcontrol4	装机效率	0.257196	0.80592 *	0.077613
pmcontrol1	原材料利用效率	0.24896	0.729863 *	0.105840
pmcontrol2	原材料成本	0.265626	0.669102 *	0.235626
pmcontrol8	存货周转次数	0.359954	0.563318 *	0.204279
pmcontrol5	劳动力利用效率	0.414495	0.463995 *	0.409197
pmcontrol7	兄弟单位支持	0.351555	0.454102 *	− 0.04213
pmcontrol20	净利润	0.174838	0.110661	0.871229 *
pmcontrol19	销售额	0.285645	0.091287	0.736036 *
特征值		8.34645	1.71928	1.209336
解释方差比率		0.490967	0.10113	0.071137
累计解释方差比率		0.490967	0.592102	0.663239

注：＊表示 P 小于 0.1。

十二、对业绩指标决策职能的因子分析

本书使用方差最大化旋转对业绩指标决策职能量表进行因子分析，按照特

征值大于 1 的标准，本书从量表中提取了三个因子，分别命名为外部非财务指标决策职能、内部非财务指标决策职能和财务业绩指标决策职能，其特征值分别为 7.454、1.630 和 1.145，三者累计可解释量表 60.17% 的方差。外部非财务指标决策职能因子包括 8 个问项，依据载荷大小，依次为客户满意度、客户投诉数量、解决客户问题、交付产品、完成订单速度、更改产品参数、残次品率以及退货和保修，这些问项涉及企业外部非财务指标的决策职能，因而本书称之为外部非财务指标决策职能。内部非财务指标决策职能因子包括 7 个问项，依据载荷大小，依次为装机效率、设备利用效率、原材料利用效率、劳动力利用效率、兄弟单位支持、原材料成本以及存货周转次数，这些问项反映的是内部非财务指标在企业决策方面的用途，因此本书将之称为内部非财务指标决策职能。财务业绩指标决策职能因子包括两个问项，依据载荷大小，依次为净利润和销售额，这两者反映的是财务业绩指标在企业决策方面的用途，因此本书将之称为财务业绩指标决策职能。详细的因子载荷数据如表 6 – 12 所示。

表 6 – 12　　业绩指标决策职能量表方差最大化旋转后的因子载荷

问项英文编码	问项中文编码	外部非财务指标决策职能	内部非财务指标决策职能	财务业绩指标决策职能
pmdecision16	客户满意度	0.694758 *	0.114291	0.224284
pmdecision17	客户投诉数量	0.664847 *	0.170427	0.107194
pmdecision14	解决客户问题	0.64517 *	0.382939	0.175168
pmdecision13	交付产品	0.640833 *	0.341178	0.244918
pmdecision12	完成订单速度	0.623008 *	0.376055	0.213878
pmdecision15	更改产品参数	0.621550 *	0.417508	0.068621
pmdecision11	残次品率	0.593224 *	0.36752	0.204875
pmdecision18	退货和保修	0.589962 *	0.266282	0.251392
pmdecision4	装机效率	0.121810	0.806453 *	0.038242
pmdecision3	设备利用效率	0.265385	0.71786 *	0.156571
pmdecision1	原材料利用效率	0.36797	0.579009 *	0.162895
pmdecision5	劳动力利用效率	0.358299	0.51744 *	0.24105
pmdecision7	兄弟单位支持	0.21455	0.511149 *	– 0.1177

续表

问项英文编码	问项中文编码	外部非财务指标决策职能	内部非财务指标决策职能	财务业绩指标决策职能
pmdecision2	原材料成本	0.279274	0.470391 *	0.252061
pmdecision8	存货周转次数	0.425780	0.451958 *	0.101244
pmdecision20	净利润	0.174265	0.059247	0.743369 *
pmdecision19	销售额	0.278635	0.09780	0.727844 *
特征值		7.453840	1.629544	1.144795
解释方差比率		0.438461	0.09585	0.067340
累计解释方差比率		0.438461	0.534316	0.601657

注：＊表示 P 小于 0.1。

十三、对薪酬业绩敏感性的因子分析

本书使用方差最大化旋转对本单位薪酬业绩敏感性量表进行因子分析，按照特征值大于 1 的标准，本书从量表中提取了一个因子，命名为薪酬业绩敏感性，其特征值为 1.612，可解释量表 53.72% 的方差。薪酬业绩敏感性因子包括 3 个问项，依据载荷大小，依次为盈利敏感性、亏损敏感性以及薪酬业绩敏感性的总体观感。详细的因子载荷数据如表 6 - 13 所示。

表 6 - 13　　本单位薪酬业绩敏感性量表方差最大化旋转后的因子载荷

问项英文编码	问项中文编码	薪酬业绩敏感性
pfp2	盈利敏感性	0.689087
pfp3	亏损敏感性	0.60144
pfp1	薪酬业绩敏感性	0.380431
特征值		1.61170
解释方差比率		0.537236
累计解释方差比率		0.537236

本书已经对各个变量进行了因子分析，由于这种因子分析为探索式因子分析，并不事先对各个问项进行区分，而因子分析的结果表明最后旋转出的因子都具有良好的现实合理性，这表明本次问卷设计的效度是比较令人满意的。最

后值得一提的是，针对业绩构建的量表，本书将直接对其进行简单平均得分，不准备区分各类业绩①。

第二节 变量汇总与统计描述

一、描述性统计

尽管在第五章第二节，本书已经先行介绍过本书所涉及的主要变量，但由于未进行因子分析，因此，彼时的变量描述还停留在问卷描述阶段。在本章第一节已完成因子分析的基础上，本书可以对变量进行更为详细的描述。本节所使用的变量将直接用于随后的回归分析，因此，本书将对各个变量的英文标识、变量名称以及计量方法在表6-15中进行详细说明。本书所使用的大部分关键数据均来自因子分析，凡是计量方法标注为因子分析的变量，读者可以回溯到本章第一节获取该变量计量过程中的具体细节。本书将并非由因子分析提取的变量做进一步的说明。

由于本书拟考察各个业绩指标在决策和控制两方面用途上的差异，故而本书需要构建出衡量各类业绩指标在控制与决策职能上差异的变量。得益于因子分析计算出的各类指标的控制职能和决策职能得分，本书可以很方便地通过对两者做差来取得这一变量。举例而言，财务指标控制职能与决策职能差异，就是使用财务指标控制职能得分减去财务指标决策职能得分，内部非财务指标控制职能与决策职能差异和外部非财务指标控制职能与决策职能差异的处理与之类似。

如第四章第一节所述，业绩指标的使用程度主要由其在决策和控制方面的使用程度综合构成，因此，本书将以各类指标在决策和控制两方面的使用得分来计算各类指标的使用程度。举例而言，财务指标使用程度为问卷中净利润和销售额在决策与控制职能量表中得分的均值，内部非财务指标使用程度和外部

---

① 之所以进行这种处理，是因为本书最终意欲考察企业的总体业绩情况，在研究设计时也没有计划分别探讨各类业绩表现。

非财务指标使用程度的处理与之类似。

薪酬黏性概念反映的是薪酬随业绩升降而来的升降幅度不相对称，相同数量的业绩增幅带来的薪酬升幅要高于相同数量的业绩降幅带来的薪酬降幅。本书将特定数量的业绩增幅带来的薪酬升幅称为盈利敏感性（记为 pfp2，见表 5 - 12），特定数量的业绩降幅带来的薪酬降幅称为亏损敏感性（记为 pfp3，见表 5 - 12），以盈利敏感性减去亏损敏感性来测量薪酬黏性，即问卷中问项 pfp2 得分减去 pfp3 得分。

如第五章第二节所述，本书对关系的量度采取了两类方法：一是通过设计量表间接量度；二是直接询问社会关系，而后再进行编码。通过量表量度后，本书既通过因子分析提取关系得分，又通过直接加总取得关系得分，第二种方法是为了方便进行稳健性测试，在后面的检验中，本书主要使用因子分析得分来检验假说。在直接询问社会关系时，考虑社会关系的重叠性，如同乡也可能是亲属，同学可能也是朋友，问卷允许多选，本书最后将这一量度编码为 7 个数字，记为 gx，数字越大表示关系越亲近。具体而言，若受访者针对其与直接上级的社会关系所做的选项有"（岳）父母"一项，则 gx 赋值为 6；若选项有"伯父（母）、叔父（母）、姨（父）、舅（母）"，则赋值为 5；若选项有"兄（嫂）、弟（媳）、姐（夫）、妹（夫）、堂兄（嫂）、堂弟（媳）、堂姐（夫）、堂妹（夫）、表兄（嫂）、表弟（媳）、表姐（夫）、表妹（夫）、其他姻亲关系"，则赋值为 4；若选项同时有"同学""同乡""朋友"，即同时是同学、朋友和同乡这一重叠社会关系，则赋值为 3；若选项中"同学""同乡""朋友"同时选取其中两个，则赋值为 2；若选项中"同学""同乡""朋友"仅选择一个，则赋值为 1；若为"纯粹工作关系"，则赋值为 0。但这种量度面临着一开始本书就预见到的问题，即纯粹工作关系的选择过多。表 6 - 14 列示了对上下级关系紧密度的直接量度。在表 6 - 14 中，纯粹工作关系占到样本总数的 76.95%，而非亲缘关系累计占到样本总数的 93.11%，这种明显的数据截断，既可能来自本书所提出的当代中国差序格局内容的转移，也有可能来自样本填写人的隐瞒，但无论何种原因，以之来探讨差序格局的效力都将是比较有限的。虽然如此，作为一种直接量度，随后的某些实证检验还是会用到这一数据。

表 6-14　　　　　　　　对上下级关系紧密度的直接量度

上下级关系紧密度（直接量度）	观测频数	百分比（%）	累计观测频数	累计百分比（%）
0 纯粹工作关系	257	76.95	257	76.95
1 朋友	17	5.09	274	82.04
1 朋友｜纯粹工作关系	9	2.69	283	84.73
1 同乡	8	2.40	291	87.13
1 同乡｜纯粹工作关系	1	0.30	292	87.43
1 同学	3	0.90	295	88.32
2 同乡｜朋友	5	1.50	300	89.82
2 同乡｜朋友｜纯粹工作关系	2	0.60	302	90.42
2 同学｜朋友	4	1.20	306	91.62
2 同学｜朋友｜纯粹工作关系	1	0.30	307	91.92
2 同学｜同乡	2	0.60	309	92.51
3 同学｜同乡｜朋友	1	0.30	310	92.81
3 同学｜同乡｜朋友｜纯粹工作关系	1	0.30	311	93.11
4 表兄（嫂）、表弟（媳）、表姐（夫）、表妹（夫）、其他姻亲关系	6	1.80	317	94.91
4 兄（嫂）、弟（媳）、姐（夫）、妹（夫）、堂兄（嫂）、堂弟（媳）、堂姐（夫）、堂妹（夫）	2	0.60	319	95.51
4 兄（嫂）、弟（媳）、姐（夫）、妹（夫）、堂兄（嫂）、堂弟（媳）、堂姐（夫）、堂妹（夫）｜同乡	1	0.30	320	95.81
5 伯父（母）、叔父（母）	6	1.80	326	97.60
5 姨（父）、舅（母）	2	0.60	328	98.20
5 姨（父）、舅（母）｜表兄（嫂）、表弟（媳）、表姐（夫）、表妹（夫）、其他姻亲关系	1	0.30	329	98.50
6（岳）父母	3	0.90	332	99.40
6（岳）父母｜伯父（母）、叔父（母）	1	0.30	333	99.70
6（岳）父母｜兄（嫂）、弟（媳）、姐（夫）、妹（夫）、堂兄（嫂）、堂弟（媳）、堂姐（夫）、堂妹（夫）	1	0.30	334	100.00

法制指数采用通行的量度，即采用樊纲等编制的法律与市场中介组织的发育指数（樊纲、王小鲁和朱恒鹏，2010）。值得一提的是，对于总体分权、上下级关系紧密度、环境不确定性、相互依赖性和信息不对称，本书同时给出了对得分进行平均的简单量度，这是因为部分假说的验证需要考察这些变量的总体影响，这既可视作稳健性测试，也能够尽可能捕捉更多的信息量，毕竟因子分析得到的因子所解释的方差只是其中一部分。

表6-15列示了本书主要变量的英文标识、中文名称和计量方法描述。资产规模、雇员规模、是否上市、是否民企、是否国企、企业已运营年限、受访者所管理业务单位性质、受访者年龄以及受访者工作年限都是外围控制变量，来自问卷的第六部分企业背景，读者可以很容易理解其计量过程，本书不再赘述。

表6-15　本书所用主要变量的英文标识、中文名称和计量方法描述

变量英文标识	变量中文名称	计量方法
fpmctrl	财务指标控制职能	因子分析
fpmdes	财务指标决策职能	因子分析
deltfpmrole	财务指标控制职能与决策职能差异	变量 fpmctrl － 变量 fpmdes
infpmctrl	内部非财务指标控制职能	因子分析
infpmdes	内部非财务指标决策职能	因子分析
deltinfpmrole	内部非财务指标控制职能与决策职能差异	变量 infpmctrl － 变量 infpmdes
onfpmctrl	外部非财务指标控制职能	因子分析
onfpmdes	外部非财务指标决策职能	因子分析
deltonfpmrole	外部非财务指标控制职能与决策职能差异	变量 onfpmctrl － 变量 onfpmdes
fpmw	财务指标使用程度	问卷中净利润和销售额在决策与控制职能量表中得分的均值
infpmw	内部非财务指标使用程度	问卷中装机效率、设备利用效率、原材料利用效率、劳动力利用效率、兄弟单位支持、原材料成本以及存货周转次数在决策与控制职能量表中得分的均值

续表

变量英文标识	变量中文名称	计量方法
onfpmw	外部非财务指标使用程度	问卷中客户满意度、客户投诉数量、解决客户问题、交付产品、完成订单速度、更改产品参数、残次品率以及退货和保修在决策与控制职能量表中得分的均值
author	总体分权	问卷中决策权力各个问项得分的均值
lead	重大决策权力分权	因子分析
resource	资源调配权力分权	因子分析
hr	人事权力分权	因子分析
fpmprecision	财务综合指标质量	因子分析
infpmprecision	财务综合指标质量	因子分析
onfpmprecision	内部流程非财务指标质量	因子分析
sticky	薪酬黏性	问卷中问项 pfp2 得分 − pfp3 得分
ppsen	薪酬业绩敏感性	因子分析
pm	总体业绩	问卷中企业业绩各个问项得分的均值
connection	上下级关系紧密度（因子分析）	因子分析
connec	上下级关系紧密度（得分平均）	问卷中上下级关系紧密度各个问项得分的均值
gx	上下级关系紧密度（直接量度）	对问卷中第六部分企业背景第 15 个问项重新编码得到
law	法制指数	衡量企业所在地法制健全程度，取自樊纲等编制的法律与市场中介组织的发育指数（樊纲、王小鲁和朱恒鹏，2010）
customer	客户化战略	因子分析
mktscope	市场占有战略	因子分析
lowcost	成本领先战略	因子分析
uncertainty	环境不确定性（因子分析）	因子分析
uncert	环境不确定性（得分平均）	问卷中环境不确定性各个问项得分的均值
support	相互支持	因子分析
integration	上下游整合	因子分析
interd	相互依赖性（得分平均）	问卷中相互依赖性各个问项得分的均值
technique	技术信息	因子分析

续表

变量英文标识	变量中文名称	计量方法
management	日常管理信息	因子分析
informasy	信息不对称（得分平均）	问卷中信息不对称各个问项得分的均值
pmquality	总体业绩量度质量	因子分析
pmctrl	业绩评价控制职能（得分平均）	因子分析
pmdes	业绩评价决策职能（得分平均）	因子分析
asize	资产规模	本公司上年末总资产的自然对数
esize	雇员规模	本公司上年末员工总数的自然对数
listed	是否上市	名义变量，若受访企业属于上市公司则为1，否则为0
privatefirm	是否民企	名义变量，若受访企业属于民营企业则为1，否则为0
stateowned	是否国企	名义变量，若受访企业属于国有企业（国有控股或国有独资）则为1，否则为0
fage	企业已运营年限	来自问卷中企业以经营年限数据
mascope	受访者所管理业务单位性质	若受访者管理的是集团下某一个事业部或分公司则为1，否则为0
mage	受访者年龄	来自问卷中受访者年龄数据
wkage	受访者工作年限	来自问卷中受访者工作年限数据

在给出本书所用的变量计量方法之后，自然地，本书将报告针对这些变量所作的统计描述，详见表6–16。值得提醒读者的是，在均值观测值中，由因子分析得到的变量均值为0，这是由于因子分析的标准化处理所致。

表6–16　　　　　　　　本书所用变量的描述性统计

变量英文标识	变量中文名称	观测数	平均值	中位数	标准差	最小值	最大值
fpmctrl	财务指标控制职能	334	0	0.1	0.91	−3.52	1.71
fpmdes	财务指标决策职能	334	0	0.06	0.85	−2.82	1.6
deltfpmrole	财务指标控制职能与决策职能差异	334	0	0.06	0.86	−4.24	2.85
infpmctrl	内部非财务指标控制职能	334	0	0.16	0.93	−3.7	1.84
infpmdes	内部非财务指标决策职能	334	0	0.14	0.89	−3.12	1.79

变量英文标识	变量中文名称	观测数	平均值	中位数	标准差	最小值	最大值
deltinfpmrole	内部非财务指标控制职能与决策职能差异	334	0	0.07	0.79	−2.96	2.51
onfpmctrl	外部非财务指标控制职能	334	0	0.15	0.92	−4.15	1.79
onfpmdes	外部非财务指标决策职能	334	0	0.1	0.89	−4.19	1.56
deltonfpmrole	外部非财务指标控制职能与决策职能差异	334	0	0.04	0.87	−5.31	5.15
fpmw	财务指标使用程度	334	6.12	6.25	0.84	2.5	7
infpmw	内部非财务指标使用程度	334	5.33	5.5	0.87	1.64	6.93
onfpmw	外部非财务指标使用程度	334	4.27	4.38	0.61	1	5.25
author	总体分权	334	5.12	5.26	1.06	1.42	7
lead	重大决策权力分权	334	0	0.26	0.94	−2.83	1.82
resource	资源调配权力分权	334	0	0.18	0.89	−3.59	1.84
hr	人事权力分权	334	0	0.09	0.92	−4.25	1.56
fpmprecision	财务综合指标质量	334	0	0.16	0.89	−2.54	1.53
infpmprecision	财务综合指标质量	334	0	0.15	0.93	−3.42	1.5
onfpmprecision	内部流程非财务指标质量	334	0	0.18	0.92	−2.93	1.56
sticky	薪酬黏性	334	0.51	0	1.51	−5	6
ppsen	薪酬业绩敏感性	334	0	0.09	0.79	−2.57	1.56
pm	总体业绩	334	5.29	5.33	0.68	3.44	6.89
connection	上下级关系紧密度（因子分析）	334	0	0.12	0.95	−2.93	1.74
connec	上下级关系紧密度（得分平均）	334	4.99	5.1	1.07	1.6	7
gx	上下级关系紧密度（直接量度）	334	0.55	0	1.3	0	6
law	法制指数	334	13.33	13.99	5.53	4.47	19.89
customer	客户化战略	334	0	0.12	0.89	−5.76	2.03
mktscope	市场占有战略	334	0	0.06	0.82	−2.88	1.74
lowcost	成本领先战略	334	0	0.08	0.79	−3.52	1.87
uncertainty	环境不确定性（因子分析）	334	0	0.13	0.93	−3.43	1.92
uncert	环境不确定性（得分平均）	334	24.13	25	5.16	5	35

变量英文标识	变量中文名称	观测数	平均值	中位数	标准差	最小值	最大值
support	相互支持	334	0	0.08	0.78	-3.12	1.62
integration	上下游整合	334	0	0	0.79	-1.49	1.72
interd	相互依赖性（得分平均）	334	4.01	4	0.89	1	6.4
technique	技术信息	334	0	0.17	0.91	-3.06	2
management	日常管理信息	334	0	0.13	0.87	-3.07	1.68
informasy	信息不对称（得分平均）	334	5.11	5.29	1.11	1.43	7
pmquality	总体业绩量度质量	334	0	0.08	0.91	-4.29	1.37
pmctrl	业绩评价控制职能（得分平均）	334	5.45	5.65	0.92	1.53	7
pmdes	业绩评价决策职能（得分平均）	334	5.74	5.82	0.71	2	7
asize	资产规模	334	10.06	9.1	3.48	4.61	20.2
esize	雇员规模	334	6.34	6.18	1.75	2.94	11.78
listed	是否上市	334	0.37	0	0.48	0	1
privatefirm	是否民企	334	0.54	1	0.5	0	1
stateowned	是否国企	334	0.28	0	0.45	0	1
fage	企业已运营年限	334	16.15	13	10.97	3	60
mascope	受访者所管理业务单位性质	334	0.51	1	0.5	0	1
mage	受访者年龄	334	1.02	1	0.99	0	4
wkage	受访者工作年限	334	1.16	1	1.01	0	4

二、相关性分析

相关性分析有助于本书对关注的重要变量之间的关系进行直观的考察，尽管它无法提供因果关系链条的方向，但它有助于检测假说对变量关联所做的方向性预测。表6-17列示了本书关键变量的相关性分析，结合表6-17，按照假说提出的顺序，本书将逐一检测统计结果与假说预测的一致性。为方便读者迅速查找，本书将假说预测中所涉及的变量关系以阴影的方式做了标注。

表 6-17

主要变量之间的相关性分析

变量	fpmctrl	fpmdes	infpmctrl	infpmdes	onfpmctrl	onfpmdes	fpmw	infpmw	onfpmw	author	lead	resource	hr	fpmprecision	infpmprecion	onfpmprecion	sticky	ppsen	connection
fpmctrl	1																		
fpmdes	0.524***	1																	
infpmctrl	0.013	-0.08	1																
infpmdes	0.097*	0.013	0.626***	1															
onfpmctrl	0.073	-0.005	0.099*	0.295***	1														
onfpmdes	0.188***	0.129**	0.073	0.147***	0.537***	1													
fpmw	0.893***	0.776***	0.076	0.189***	0.230***	0.320***	1												
infpmw	0.236***	0.096*	0.830***	0.838***	0.460***	0.371***	0.358***	1											
onfpmw	0.323***	0.228***	0.444***	0.552***	0.667***	0.818***	0.491***	0.760***	1										
author	0.188***	0.064	0.434***	0.407***	0.252***	0.292***	0.247***	0.526***	0.483***	1									
lead	0.058	-0.066	0.445***	0.302***	0.112**	0.108*	0.077	0.415***	0.279***	0.777***	1								
resource	0.139**	0.051	0.216***	0.304***	0.224***	0.211***	0.185***	0.338***	0.350***	0.625***	0.109**	1							
hr	0.253***	0.287***	-0.014	0.083	0.164***	0.320***	0.314***	0.146***	0.309***	0.356***	-0.005	0.090*	1						
fpmprecision	0.270***	0.230***	0.347***	0.406***	0.285***	0.307***	0.363***	0.513***	0.479***	0.494***	0.336***	0.314***	0.267***	1					
infpmprecion	0.160***	0.166***	0.336***	0.377***	0.399***	0.388***	0.290***	0.515***	0.542***	0.518***	0.369***	0.312***	0.273***	0.733***	1				
onfpmprecion	0.177***	0.135**	0.389***	0.431***	0.303***	0.292***	0.265***	0.528***	0.475***	0.515***	0.416***	0.293***	0.174***	0.667***	0.739***	1			
sticky	-0.068	-0.046	0.168***	0.129**	0.038	0.025	-0.039	0.135**	0.079	0.103**	0.118**	0.019	0.012	0.110**	0.131**	0.077	1		
ppsen	0.106**	-0.008	0.338***	0.306***	0.317***	0.243***	0.164***	0.439***	0.380***	0.419***	0.281***	0.349***	0.112**	0.478***	0.519***	0.496***	0.106*	1	
connection	0.143***	0.125**	0.395***	0.396***	0.245***	0.227***	0.232***	0.493***	0.418***	0.552***	0.457***	0.284***	0.225***	0.551***	0.516***	0.513***	0.114**	0.449***	1

注：相关性系数上的 * 表示变量之间的相关性系数在统计上显著，* $p < 0.1$，** $p < 0.05$，*** $p < 0.01$。

假说 H4-1 与假说 H4-2 的内容可以概括为业绩指标良好的质量有助于其决策职能和控制职能的执行，其使用程度也将越高。涉及的主要变量为业绩指标质量、业绩指标的控制职能、业绩指标的决策职能和业绩指标的使用程度，如表 6-17 所示，无论是财务业绩指标，还是内部非财务业绩指标，或是外部非财务业绩指标，各类指标的测量质量与其在控制、决策方面的使用显著正相关，由于业绩指标的使用由控制用途和决策用途两方面构成，因而业绩指标的质量与业绩指标的使用程度在统计上的显著正相关也是理所当然的，表 6-17 的统计结果与这一预测是一致的。

假说 H4-3~假说 H4-12 主要探讨分权与业绩评价系统的关系，其中，假说 H4-3 预测业绩指标质量与分权显著正相关；假说 H4-5、假说 H4-6、假说 H4-7 与假说 H4-10 为试探性假说，相关性分析均支持这些假说涉及的变量之间的正向关联；假说 H4-4、假说 H4-8、假说 H4-9、假说 H4-11 与假说 H4-12 预测分权与财务业绩指标的控制职能、内部非财务业绩指标的决策职能、外部非财务业绩指标的决策职能、内部非财务业绩指标的使用程度以及外部非财务业绩指标的使用程度正相关，这些预测的方向与相关性分析所呈现的统计结果是一致的。

假说 H4-13~假说 H4-15 主要探讨上下级关系对于分权以及业绩评价的影响，具体而言，上下级关系越紧密，则分权越多，业绩指标质量越高，这些预测与表 6-17 的统计结果是一致的。假说 H4-15 是一个试探性假说，本书对其符号未做预测，相关性分析则表明上下级关系紧密度与业绩指标的控制职能正相关。

假说 H4-17 与假说 H4-18 预测业绩指标质量与上下级关系对于薪酬业绩敏感性有正相关影响，相关性分析结果与之一致。假说 H4-19 与假说 H4-20 预测业绩指标质量与上下级关系对于薪酬黏性有负相关影响，但 connection 相关性分析结果却与之相反。

假说 H4-16、假说 H4-21 和假说 H4-22 涉及交叉项系数的预测，因此不适于使用相关性分析表格检验。

相关性分析只是一个初步的检验，后面本书还要通过控制企业特征和受访者特征因素，对假说做进一步的检验。为了向读者清晰地展示假说预测与相关性分析的一致性，本书将假说预测和相关性分析结果汇总到表 6 – 18 中。

表 6 – 18 假说预测与相关性分析比对

假说编号	涉及主要变量	预测符号	相关性分析符号	是否一致
假说 H4 – 1	业绩指标质量、业绩指标的控制职能、业绩指标的决策职能	+	+	一致
假说 H4 – 2	业绩指标质量、业绩指标使用程度	+	+	一致
假说 H4 – 3	业绩指标质量、分权	+	+	一致
假说 H4 – 4	分权、财务业绩指标的控制职能	+	+	一致
假说 H4 – 5	分权、内部非财务业绩指标的控制职能	?	+	
假说 H4 – 6	分权、外部非财务业绩指标的控制职能	?	+	
假说 H4 – 7	分权、财务业绩指标的决策职能	?	+	
假说 H4 – 8	分权、内部非财务业绩指标的决策职能	+	+	一致
假说 H4 – 9	分权、外部非财务业绩指标的决策职能	+	+	一致
假说 H4 – 10	分权、财务业绩指标的使用程度	?	+	一致
假说 H4 – 11	分权、内部非财务业绩指标的使用程度	+	+	一致
假说 H4 – 12	分权、外部非财务业绩指标的使用程度	+	+	一致
假说 H4 – 13	上下级关系紧密度、分权	+	+	一致
假说 H4 – 14	上下级关系紧密度、业绩指标质量	+	+	一致
假说 H4 – 15	上下级关系紧密度、业绩指标的控制职能	?	+	
假说 H4 – 16	法制指数、分权、上下级关系紧密度、业绩指标质量	+ ，–	交叉项	
假说 H4 – 17	业绩指标质量、薪酬业绩敏感度	+	+	一致
假说 H4 – 18	上下级关系紧密度、薪酬业绩敏感度	+	+	一致

续表

假说编号	涉及主要变量	预测符号	相关性分析符号	是否一致
假说 H4 – 19	业绩指标质量、薪酬黏性	–	+	不一致
假说 H4 – 20	上下级关系紧密度、薪酬黏性	–	+	不一致
假说 H4 – 21	上下级关系紧密度、分权、企业业绩	+	交叉项	
假说 H4 – 22	业绩指标质量、薪酬黏性、企业业绩	+	交叉项	

三、业绩指标的控制职能与决策职能

识别和比较业绩指标在控制和决策两方面的用途，对于理论研究和实践指引均有重要意义，事实上，到目前为止，很少有研究真正探讨了实践中企业在业绩指标使用上的差异。本书得益于问卷调研，通过量表设计取得了业绩指标在控制和决策两方面的得分情况，这使得对业绩指标在控制和决策两种用途上的比较成为可能。真实地展现实践中企业对于业绩指标的使用，能够为实务工作者在随后的企业业绩评价体系设计中提供导向性的指引。本书对各类业绩指标在控制与决策用途上的得分以及两种用途上的得分差异进行了统计描述，统计描述结果列示于表 6 – 19 中。从表中可以看到，除却销售额不够显著以外，对于其他所有业绩指标，其决策方面的使用要显著多于控制方面的使用，这有助于我们理解为什么一些将业绩评价仅仅视作奖惩工具的企业会失败，也有助于我们在随后的企业业绩评价设计中对业绩评价的职能导向予以考虑，尤其是业绩指标的决策职能。

表 6 – 19　　　　业绩指标的控制职能、决策职能及其比较

业绩指标	控制职能得分均值	决策职能得分均值	控制职能与决策职能差异	T 检验	符号检验	秩和检验
原材料利用效率	5.12	5.81	– 0.69	– 9.725 ***	– 65 ***	– 7240 ***
原材料成本	5.39	5.76	– 0.37	– 5.628 ***	– 33 ***	– 3758 ***
设备利用效率	4.99	5.63	– 0.64	– 8.975 ***	– 57 ***	– 7156 ***
装机效率	4.78	5.27	– 0.49	– 7.199 ***	– 45 ***	– 5638 ***
劳动力利用效率	5.49	5.81	– 0.32	– 4.901 ***	– 30.5 ***	– 3167 ***

续表

业绩指标	控制职能得分均值	决策职能得分均值	控制职能与决策职能差异	T检验	符号检验	秩和检验
兄弟单位支持	4.79	4.99	-0.20	-3.291***	-27.5***	-2439***
存货周转次数	5.25	5.55	-0.30	-4.651***	-25***	-2966***
残次品率	5.46	5.79	-0.34	-4.45***	-25***	-2432***
完成订单速度	5.60	5.82	-0.22	-3.111***	-15**	-1579**
交付产品	5.76	5.91	-0.16	-2.256**	-5.5	-1156**
解决客户问题	5.54	5.80	-0.25	-3.86***	-19***	-2097***
更改产品参数	5.44	5.65	-0.21	-3.226***	-18***	-2057***
客户满意度	5.86	6.04	-0.18	-3.061***	-13.5**	-1430**
客户投诉数量	5.58	5.72	-0.14	-2.186**	-14.5**	-1270**
退货和保修	5.46	5.70	-0.24	-3.951***	-23***	-2156***
销售额	6.10	6.19	-0.09	-1.507	-3	-494.5
净利润	5.97	6.23	-0.25	-4.096***	-20***	-1586***

注：相关性系数上的 * 表示变量之间的相关性系数在统计上显著，** $p < 0.05$、*** $p < 0.01$。

第三节 模型构建

本书将主要使用回归分析来验证所有假说，当然，为克服普通最小二乘法不能实现多条因果链同时检验的不足，在稳健性测试中本书还会构建结构方程模型，结构方程模型的构建将与其估计一起列示，本节专注回归分析所用的线性模型的构建。模型构建的顺序基本按照假说提出的顺序进行，由于多个假说可能使用同一回归模型，或者同一假说会用到多个模型，顺序会略有变化。

本书提出的假说 H4-1、假说 H4-4~假说 H4-9 以及假说 H4-15，实质是探讨业绩指标质量、分权、上下级关系对于业绩指标职能的影响，这些假说共同的因变量是业绩指标的职能。本书对于这些假说的检验，将区分财务业绩指标、内部非财务业绩指标以及外部非财务业绩指标，而每类业绩指标的职能又可以分为控制与决策两类，此外，本书对某类业绩指标的控制职能和决策职能之间差异受哪些因素影响也很感兴趣，三类业绩指标与职能的组合有九种，本书分别构建九个模型进行检验。其中，模型 1～模型 3 是针对涉及财务业绩指标职能的假说进行检验，模型 4～模型 6 针对涉及内部非财务业绩指标职能的假说进行检验，而模型 7～模型 9 则针对涉及外部非财务业绩指标职能的假说进行检验。在模型设计中，对于权力的量度使用的是 author 这一简单平均测量，但在回归分析中，本书同时会列报由因子分析分离出的三个权力因子的相关回归结果。

$$fpmctrl = \beta_0 + \beta_1 \times connection + \beta_2 \times author + \beta_3 \times fpmprecision + \beta_4 \times pmquality$$
$$+ \beta_5 \times customer + \beta_6 \times mktscope + \beta_7 \times lowcost + \beta_8 \times uncertainty$$
$$+ \beta_9 \times support + \beta_{10} \times integration + \beta_{11} \times technique + \beta_{12} \times management$$
$$+ \beta_{13} \times uncertainty + \beta_{14} \times asize + \beta_{15} \times esize + \beta_{16} \times listed$$
$$+ \beta_{17} \times privatefirm + \beta_{18} \times stateowned + \beta_{19} \times fage + \beta_{20} \times mascope$$
$$+ \beta_{21} \times mage + \beta_{22} \times wkage + \lambda \times industry + \xi \qquad (模型 1)$$

$$fpmdes = \beta_0 + \beta_1 \times connection + \beta_2 \times author + \beta_3 \times fpmprecision + \beta_4 \times pmquality$$
$$+ \beta_5 \times customer + \beta_6 \times mktscope + \beta_7 \times lowcost + \beta_8 \times uncertainty$$
$$+ \beta_9 \times support + \beta_{10} \times integration + \beta_{11} \times technique + \beta_{12} \times management$$
$$+ \beta_{13} \times uncertainty + \beta_{14} \times asize + \beta_{15} \times esize + \beta_{16} \times listed$$
$$+ \beta_{17} \times privatefirm + \beta_{18} \times stateowned + \beta_{19} \times fage + \beta_{20} \times mascope$$
$$+ \beta_{21} \times mage + \beta_{22} \times wkage + \lambda \times industry + \xi \qquad (模型 2)$$

$$deltfpmrole = \beta_0 + \beta_1 \times connection + \beta_2 \times author + \beta_3 \times fpmprecision + \beta_4 \times pmquality$$
$$+ \beta_5 \times customer + \beta_6 \times mktscope + \beta_7 \times lowcost + \beta_8 \times uncertainty$$
$$+ \beta_9 \times support + \beta_{10} \times integration + \beta_{11} \times technique$$
$$+ \beta_{12} \times management + \beta_{13} \times uncertainty + \beta_{14} \times asize + \beta_{15} \times esize$$
$$+ \beta_{16} \times listed + \beta_{17} \times privatefirm + \beta_{18} \times stateowned + \beta_{19} \times fage$$
$$+ \beta_{20} \times mascope + \beta_{21} \times mage + \beta_{22} \times wkage + \lambda \times industry + \xi$$
$$(模型 3)$$

$$infpmctrl = \beta_0 + \beta_1 \times connection + \beta_2 \times author + \beta_3 \times infpmprecision + \beta_4 \times pmquality$$
$$+ \beta_5 \times customer + \beta_6 \times mktscope + \beta_7 \times lowcost + \beta_8 \times uncertainty$$
$$+ \beta_9 \times support + \beta_{10} \times integration + \beta_{11} \times technique + \beta_{12} \times management$$
$$+ \beta_{13} \times uncertainty + \beta_{14} \times asize + \beta_{15} \times esize + \beta_{16} \times listed$$

$$+ \beta_{17} \times \text{privatefirm} + \beta_{18} \times \text{stateowned} + \beta_{19} \times \text{fage} + \beta_{20} \times \text{mascope}$$
$$+ \beta_{21} \times \text{mage} + \beta_{22} \times \text{wkage} + \lambda \times \text{industry} + \xi \qquad （模型 4）$$

$$\text{infpmdes} = \beta_0 + \beta_1 \times \text{connection} + \beta_2 \times \text{author} + \beta_3 \times \text{infpmprecision} + \beta_4 \times \text{pmquality}$$
$$+ \beta_5 \times \text{customer} + \beta_6 \times \text{mktscope} + \beta_7 \times \text{lowcost} + \beta_8 \times \text{uncertainty}$$
$$+ \beta_9 \times \text{support} + \beta_{10} \times \text{integration} + \beta_{11} \times \text{technique} + \beta_{12} \times \text{management}$$
$$+ \beta_{13} \times \text{uncertainty} + \beta_{14} \times \text{asize} + \beta_{15} \times \text{esize} + \beta_{16} \times \text{listed}$$
$$+ \beta_{17} \times \text{privatefirm} + \beta_{18} \times \text{stateowned} + \beta_{19} \times \text{fage} + \beta_{20} \times \text{mascope}$$
$$+ \beta_{21} \times \text{mage} + \beta_{22} \times \text{wkage} + \lambda \times \text{industry} + \xi \qquad （模型 5）$$

$$\text{deltinfpmrole} = \beta_0 + \beta_1 \times \text{connection} + \beta_2 \times \text{author} + \beta_3 \times \text{infpmprecision}$$
$$+ \beta_4 \times \text{pmquality} + \beta_5 \times \text{customer} + \beta_6 \times \text{mktscope} + \beta_7 \times \text{lowcost}$$
$$+ \beta_8 \times \text{uncertainty} + \beta_9 \times \text{support} + \beta_{10} \times \text{integration}$$
$$+ \beta_{11} \times \text{technique} + \beta_{12} \times \text{management} + \beta_{13} \times \text{uncertainty}$$
$$+ \beta_{14} \times \text{asize} + \beta_{15} \times \text{esize} + \beta_{16} \times \text{listed} + \beta_{17} \times \text{privatefirm}$$
$$+ \beta_{18} \times \text{stateowned} + \beta_{19} \times \text{fage} + \beta_{20} \times \text{mascope} + \beta_{21} \times \text{mage}$$
$$+ \beta_{22} \times \text{wkage} + \lambda \times \text{industry} + \xi \qquad （模型 6）$$

$$\text{onfpmctrl} = \beta_0 + \beta_1 \times \text{connection} + \beta_2 \times \text{author} + \beta_3 \times \text{onfpmprecision} + \beta_4 \times \text{pmquality}$$
$$+ \beta_5 \times \text{customer} + \beta_6 \times \text{mktscope} + \beta_7 \times \text{lowcost} + \beta_8 \times \text{uncertainty}$$
$$+ \beta_9 \times \text{support} + \beta_{10} \times \text{integration} + \beta_{11} \times \text{technique} + \beta_{12} \times \text{management}$$
$$+ \beta_{13} \times \text{uncertainty} + \beta_{14} \times \text{asize} + \beta_{15} \times \text{esize} + \beta_{16} \times \text{listed}$$
$$+ \beta_{17} \times \text{privatefirm} + \beta_{18} \times \text{stateowned} + \beta_{19} \times \text{fage} + \beta_{20} \times \text{mascope}$$
$$+ \beta_{21} \times \text{mage} + \beta_{22} \times \text{wkage} + \lambda \times \text{industry} + \xi \qquad （模型 7）$$

$$\text{onfpmdes} = \beta_0 + \beta_1 \times \text{connection} + \beta_2 \times \text{author} + \beta_3 \times \text{onfpmprecision} + \beta_4 \times \text{pmquality}$$
$$+ \beta_5 \times \text{customer} + \beta_6 \times \text{mktscope} + \beta_7 \times \text{lowcost} + \beta_8 \times \text{uncertainty}$$
$$+ \beta_9 \times \text{support} + \beta_{10} \times \text{integration} + \beta_{11} \times \text{technique} + \beta_{12} \times \text{management}$$
$$+ \beta_{13} \times \text{uncertainty} + \beta_{14} \times \text{asize} + \beta_{15} \times \text{esize} + \beta_{16} \times \text{listed}$$
$$+ \beta_{17} \times \text{privatefirm} + \beta_{18} \times \text{stateowned} + \beta_{19} \times \text{fage} + \beta_{20} \times \text{mascope}$$
$$+ \beta_{21} \times \text{mage} + \beta_{22} \times \text{wkage} + \lambda \times \text{industry} + \xi \qquad （模型 8）$$

$$\text{deltonfpmrole} = \beta_0 + \beta_1 \times \text{connection} + \beta_2 \times \text{author} + \beta_3 \times \text{onfpmprecision}$$
$$+ \beta_4 \times \text{pmquality} + \beta_5 \times \text{customer} + \beta_6 \times \text{mktscope} + \beta_7 \times \text{lowcost}$$

$$+ \beta_8 \times uncertainty + \beta_9 \times support + \beta_{10} \times integration$$

$$+ \beta_{11} \times technique + \beta_{12} \times management + \beta_{13} \times uncertainty$$

$$+ \beta_{14} \times asize + \beta_{15} \times esize + \beta_{16} \times listed + \beta_{17} \times privatefirm$$

$$+ \beta_{18} \times stateowned + \beta_{19} \times fage + \beta_{20} \times mascope + \beta_{21} \times mage$$

$$+ \beta_{22} \times wkage + \lambda \times industry + \xi \qquad （模型 9）$$

本书提出的假说 H4 – 2、假说 H4 – 10 ～假说 H4 – 12 探讨的是业绩指标质量、分权对于业绩指标使用程度的影响。这些假说共同的因变量是业绩指标使用程度。本书对于这些假说的检验，将区分财务业绩指标、内部非财务业绩指标以及外部非财务业绩指标，因此，本书将构建三个模型对之一一进行检验。其中，模型 10 是针对涉及财务业绩指标使用程度的假说进行检验，模型 11 针对涉及内部非财务业绩指标使用程度的假说进行检验，而模型 12 则针对涉及外部非财务业绩指标使用程度的假说进行检验。在模型设计中，对于权力的量度使用的是 author 这一简单平均测量，但在回归分析中，本书同时会列报由因子分析分离出的三个权力因子的相关回归结果。

$$fpmw = \beta_0 + \beta_1 \times connection + \beta_2 \times author + \beta_3 \times fpmprecision + \beta_4 \times pmquality$$

$$+ \beta_5 \times customer + \beta_6 \times mktscope + \beta_7 \times lowcost + \beta_8 \times uncertainty$$

$$+ \beta_9 \times support + \beta_{10} \times integration + \beta_{11} \times technique + \beta_{12} \times management$$

$$+ \beta_{13} \times uncertainty + \beta_{14} \times asize + \beta_{15} \times esize + \beta_{16} \times listed$$

$$+ \beta_{17} \times privatefirm + \beta_{18} \times stateowned + \beta_{19} \times fage + \beta_{20} \times mascope$$

$$+ \beta_{21} \times mage + \beta_{22} \times wkage + \lambda \times industry + \xi \qquad （模型 10）$$

$$infpmw = \beta_0 + \beta_1 \times connection + \beta_2 \times author + \beta_3 \times infpmprecision + \beta_4 \times pmquality$$

$$+ \beta_5 \times customer + \beta_6 \times mktscope + \beta_7 \times lowcost + \beta_8 \times uncertainty$$

$$+ \beta_9 \times support + \beta_{10} \times integration + \beta_{11} \times technique + \beta_{12} \times management$$

$$+ \beta_{13} \times uncertainty + \beta_{14} \times asize + \beta_{15} \times esize + \beta_{16} \times listed$$

$$+ \beta_{17} \times privatefirm + \beta_{18} \times stateowned + \beta_{19} \times fage + \beta_{20} \times mascope$$

$$+ \beta_{21} \times mage + \beta_{22} \times wkage + \lambda \times industry + \xi \qquad （模型 11）$$

$$onfpmw = \beta_0 + \beta_1 \times connection + \beta_2 \times author + \beta_3 \times onfpmprecision + \beta_4 \times pmquality$$

$$+ \beta_5 \times customer + \beta_6 \times mktscope + \beta_7 \times lowcost + \beta_8 \times uncertainty$$

$$+ \beta_9 \times support + \beta_{10} \times integration + \beta_{11} \times technique + \beta_{12} \times management$$

$$+ \beta_{13} \times uncertainty + \beta_{14} \times asize + \beta_{15} \times esize + \beta_{16} \times listed$$

$$+ \beta_{17} \times privatefirm + \beta_{18} \times stateowned + \beta_{19} \times fage + \beta_{20} \times mascope$$

$$+ \beta_{21} \times mage + \beta_{22} \times wkage + \lambda \times industry + \xi \qquad （模型 12）$$

本书提出的假说 H4 – 3 和假说 H4 – 13 探讨的是业绩指标质量、上下级关系对分权的影响。这些假说共同的因变量是分权程度。本书对于这些假说的检验，将区分总体权力、重大决策权力、资源调配权力以及人事权力，但其模型类似，区别仅在于因变量的差异。本书使用模型 13 对之进行检验。在模型设计中，对于权力的量度使用的是 author 这一简单平均测量，但在回归分析中，本书同时会列报由因子分析分离出的三个权力因子的相关回归结果。

$$author = \beta_0 + \beta_1 \times connection + \beta_2 \times fpmprecision + \beta_3 \times infpmprecision$$

$$+ \beta_4 \times onfpmprecision + \beta_5 \times pmquality + \beta_6 \times customer + \beta_7 \times mktscope$$

$$+ \beta_8 \times lowcost + \beta_9 \times uncertainty + \beta_{10} \times support + \beta_{11} \times integration$$

$$+ \beta_{12} \times technique + \beta_{13} \times management + \beta_{14} \times uncertainty + \beta_{15} \times asize$$

$$+ \beta_{16} \times esize + \beta_{17} \times listed + \beta_{18} \times privatefirm + \beta_{19} \times stateowned$$

$$+ \beta_{20} \times fage + \beta_{21} \times mascope + \beta_{22} \times mage + \beta_{23} \times wkage$$

$$+ \lambda \times industry + \xi \qquad （模型 13）$$

本书提出的假说 H4 – 14 探讨的是上下级关系对于业绩指标质量的影响，因变量是业绩指标质量。本书对于这些假说的检验，将区分财务业绩指标、内部非财务业绩指标以及外部非财务业绩指标。因此，本书将构建三个模型对之一一进行检验。模型 14 是针对财务业绩指标质量进行检验，模型 15 针对内部非财务业绩指标质量进行检验，而模型 16 则针对外部非财务业绩指标质量进行检验。

$$fpmprecision = \beta_0 + \beta_1 \times connection + \beta_2 \times customer + \beta_3 \times mktscope + \beta_4 \times lowcost$$

$$+ \beta_5 \times uncertainty + \beta_6 \times support + \beta_7 \times integration + \beta_8 \times technique$$

$$+ \beta_9 \times management + \beta_{10} \times uncertainty + \beta_{11} \times asize + \beta_{12} \times esize$$

$$+ \beta_{13} \times listed + \beta_{14} \times privatefirm + \beta_{15} \times stateowned + \beta_{16} \times fage$$

$$+ \beta_{17} \times mascope + \beta_{18} \times mage + \beta_{19} \times wkage + \lambda \times industry + \xi$$

$$（模型 14）$$

$$infpmprecision = \beta_0 + \beta_1 \times connection + \beta_2 \times customer + \beta_3 \times mktscope + \beta_4 \times lowcost$$
$$+ \beta_5 \times uncertainty + \beta_6 \times support + \beta_7 \times integration + \beta_8 \times technique$$
$$+ \beta_9 \times management + \beta_{10} \times uncertainty + \beta_{11} \times asize + \beta_{12} \times esize$$
$$+ \beta_{13} \times listed + \beta_{14} \times privatefirm + \beta_{15} \times stateowned + \beta_{16} \times fage$$
$$+ \beta_{17} \times mascope + \beta_{18} \times mage + \beta_{19} \times wkage + \lambda \times industry + \xi$$

（模型 15）

$$onfpmprecision = \beta_0 + \beta_1 \times connection + \beta_2 \times customer + \beta_3 \times mktscope + \beta_4 \times lowcost$$
$$+ \beta_5 \times uncertainty + \beta_6 \times support + \beta_7 \times integration + \beta_8 \times technique$$
$$+ \beta_9 \times management + \beta_{10} \times uncertainty + \beta_{11} \times asize + \beta_{12} \times esize$$
$$+ \beta_{13} \times listed + \beta_{14} \times privatefirm + \beta_{15} \times stateowned + \beta_{16} \times fage$$
$$+ \beta_{17} \times mascope + \beta_{18} \times mage + \beta_{19} \times wkage + \lambda \times industry + \xi$$

（模型 16）

本书提出的假说 H4 – 1 涉及关系与法制指数、业绩指标质量与法制指数的匹配，因变量是分权。本书对这一假说的检验将使用模型 17 进行检验。

$$author = \beta_0 + \beta_1 \times law + \beta_2 \times connection + \beta_3 \times law \times connection + \beta_4 \times fpmprecision$$
$$+ \beta_5 \times law \times fpmprecision + \beta_6 \times infpmprecision + \beta_7 \times law \times infpmprecision$$
$$+ \beta_8 \times onfpmprecision + \beta_9 \times law \times infpmprecision + \beta_{10} \times pmquality$$
$$+ \beta_{11} \times customer + \beta_{12} \times mktscope + \beta_{13} \times lowcost + \beta_{14} \times uncertainty$$
$$+ \beta_{15} \times support + \beta_{16} \times integration + \beta_{17} \times technique + \beta_{18} \times management$$
$$+ \beta_{19} \times uncertainty + \beta_{20} \times asize + \beta_{21} \times esize + \beta_{22} \times listed + \beta_{23} \times privatefirm$$
$$+ \beta_{24} \times stateowned + \beta_{25} \times fage + \beta_{26} \times mascope + \beta_{27} \times mage + \beta_{28} \times wkage$$
$$+ \lambda \times industry + \xi$$

（模型 17）

本书提出的假说 H4 – 17 和假说 H4 – 18 探讨的是上下级关系、业绩指标质量对薪酬敏感性的影响，假说 H4 – 19 和假说 H4 – 20 探讨的是上下级关系、业绩指标质量对薪酬黏性的影响。本书分别使用模型 18 和模型 19 检验本书对于薪酬敏感性和薪酬黏性的预测。

$$ppsen = \beta_0 + \beta_1 \times connection + \beta_2 \times lead + \beta_3 \times resource + \beta_4 \times hr + \beta_5 \times fpmprecision$$
$$+ \beta_6 \times infpmprecision + \beta_7 \times onfpmprecision + \beta_8 \times pmquality$$

$$+ \beta_9 \times customer + \beta_{10} \times mktscope + \beta_{11} \times lowcost + \beta_{12} \times uncertainty$$

$$+ \beta_{13} \times support + \beta_{14} \times integration + \beta_{15} \times technique + \beta_{16} \times management$$

$$+ \beta_{17} \times uncertainty + \beta_{18} \times asize + \beta_{19} \times esize + \beta_{20} \times listed + \beta_{21} \times privatefirm$$

$$+ \beta_{22} \times stateowned + \beta_{23} \times fage + \beta_{24} \times mascope + \beta_{25} \times mage + \beta_{26} \times wkage$$

$$+ \lambda \times industry + \xi \qquad \text{（模型 18）}$$

$$sticky = \beta_0 + \beta_1 \times connection + \beta_2 \times lead + \beta_3 \times resource + \beta_4 \times hr + \beta_5 \times fpmprecision$$

$$+ \beta_6 \times infpmprecision + \beta_7 \times onfpmprecision + \beta_8 \times pmquality$$

$$+ \beta_9 \times customer + \beta_{10} \times mktscope + \beta_{11} \times lowcost + \beta_{12} \times uncertainty$$

$$+ \beta_{13} \times support + \beta_{14} \times integration + \beta_{15} \times technique + \beta_{16} \times management$$

$$+ \beta_{17} \times uncertainty + \beta_{18} \times asize + \beta_{19} \times esize + \beta_{20} \times listed$$

$$+ \beta_{21} \times privatefirm + \beta_{22} \times stateowned + \beta_{23} \times fage + \beta_{24} \times mascope$$

$$+ \beta_{25} \times mage + \beta_{26} \times wkage + \lambda \times industry + \xi \qquad \text{（模型 19）}$$

本书提出的假说 H4－21 和假说 H4－22 涉及关系与分权、业绩指标质量与分权的匹配，因变量是企业业绩。由于本书也将同时考察业绩指标职能、战略等与分权的匹配对于最终业绩的影响，因此，本书设计了模型 20 对假说进行检验。

$$pm = \beta_0 + \beta_1 \times author + \beta_2 \times connection + \beta_3 \times author \times connection + \beta_4 \times fpmprecision$$

$$+ \beta_5 \times author \times fpmprecision + \beta_6 \times infpmprecision + \beta_7 \times author \times infpmprecision$$

$$+ \beta_8 \times onfpmprecision + \beta_9 \times author \times infpmprecision + \beta_{10} \times fpmctrl$$

$$+ \beta_{11} \times author \times fpmctrl + \beta_{12} \times infpmctrl + \beta_{13} \times author \times infpmctrl$$

$$+ \beta_{14} \times onfpmctrl + \beta_{15} \times author \times infpmctrl + \beta_{16} \times customer$$

$$+ \beta_{17} \times author \times customer + \beta_{18} \times mktscope + \beta_{19} \times author \times mktscope$$

$$+ \beta_{20} \times lowcost + \beta_{21} \times author \times lowcost + \beta_{22} \times uncert + \beta_{19} \times author \times uncert$$

$$+ \beta_{20} \times interd + \beta_{21} \times author \times interd + \beta_{22} \times informasy + \beta_{23} \times author \times informasy$$

$$+ \beta_{24} \times asize + \beta_{25} \times esize + \beta_{26} \times listed + \beta_{27} \times privatefirm + \beta_{28} \times stateowned$$

$$+ \beta_{29} \times fage + \beta_{30} \times mascope + \beta_{31} \times mage + \beta_{32} \times wkage + \lambda \times industry + \xi$$

$$\text{（模型 20）}$$

第七章

假说检验与实证分析

本书所提出的假说数量较大，而且存在多个假说使用一个模型或一个假说需要多个模型进行验证的情形，因此，本书对假说的检验将按照第七章第三节构建检验模型时的顺序进行，这有利于本书向读者一次地展现同时控制住多个关键变量时的统计结果，避免逐步呈现时可能出现的控制不足的情形。由于上下级关系、分权和业绩评价三者之间可能存在多个因果链条，为控制住这一影响，在稳健性测试中，本书还将使用结构方程模型检验部分假说。

第一节 回归分析与假说检验

一、业绩指标质量、分权、上下级关系对于业绩指标职能的影响

本书提出的假说 H4 – 1、假说 H4 – 4 ~ 假说 H4 – 9 及假说 H4 – 15，均以业绩指标职能作为研究的因变量，旨在探究业绩指标质量、分权以及上下级关系紧密度对业绩指标职能的影响。为了深入分析，本文将分别对财务业绩指标、内部非财务业绩指标以及外部非财务业绩指标进行检验。

（一）财务业绩指标质量、分权、上下级关系对于财务业绩指标职能的影响

表 7 – 1 列示了财务业绩指标质量、分权、上下级关系对于财务业绩指

表7—1　财务指标质量、分权、上下级关系对于其职能的影响

变量	财务业绩指标控制职能		财务业绩指标决策职能		两种职能差异		财务业绩指标控制职能		财务业绩指标决策职能		两种职能差异	
	系数	P值	系数	P值	系数	P值	系数	P值	系数	P值	系数	P值
Intercept	-1.413 ***	0.0012	-0.387	0.3178	-1.026 **	0.0369	-0.664 ***	0.0026	-0.403 **	0.0487	-0.262	0.2604
connection	-0.046	0.4774	0.0441	0.4849	-0.09	0.1519	-0.047	0.4699	0.0474	0.4401	-0.095	0.1321
author	0.1397 **	0.0279	-0.014	0.8238	0.1537 **	0.0431						
lead							0.095	0.1756	-0.062	0.3183	0.1566 *	0.0574
resource							0.0799	0.1849	-0.003	0.9674	0.0824	0.2186
hr							0.1271 *	0.0744	0.1209 **	0.0258	0.0062	0.9262
fpmprecision	0.1931 **	0.0341	0.1585 **	0.0261	0.0346	0.7087	0.1894 **	0.0334	0.1524 **	0.0251	0.037	0.6847
pmquality	-0.06	0.3987	0.025	0.7168	-0.085	0.2528	-0.069	0.3434	0.009	0.8954	-0.078	0.3133
customer	-0.037	0.6221	-0.007	0.9018	-0.03	0.7064	-0.04	0.5983	-0.013	0.813	-0.027	0.7357
mktscope	-0.04	0.5368	-0.11 *	0.0993	0.0699	0.2746	-0.021	0.767	-0.083	0.2057	0.0625	0.3453
lowcost	0.2258 ***	0.0045	0.3082 ***	322E-9	-0.082	0.2515	0.2108 ***	0.0075	0.2837 ***	254E-8	-0.073	0.3151
uncertainty	-0.065	0.2451	-0.084	0.1102	0.0184	0.7599	-0.064	0.2439	-0.083	0.1116	0.0186	0.7548
support	0.169 ***	0.0078	0.0845	0.178	0.0845	0.2713	0.1631 **	0.0135	0.0707	0.2752	0.0924	0.2445
integration	-0.183 ***	0.0026	-0.096 *	0.0817	-0.087	0.1943	-0.176 ***	0.0043	-0.08	0.1458	-0.096	0.1595
technique	0.0562	0.3661	0.0078	0.8948	0.0484	0.4651	0.0421	0.5025	-0.014	0.8029	0.0566	0.402
management	-0.019	0.7463	-0.053	0.3157	0.0333	0.6052	-0.01	0.8658	-0.033	0.5158	0.023	0.7334

续表

变量	财务业绩指标控制职能		财务业绩指标决策职能		两种职能差异		财务业绩指标控制职能		财务业绩指标决策职能		两种职能差异	
	系数	P值	系数	P值	系数	P值	系数	P值	系数	P值	系数	P值
asize	0.0115	0.4467	0.0185	0.2195	-0.007	0.5863	0.0075	0.6151	0.0122	0.4226	-0.005	0.7147
esize	0.0552	0.1098	0.0192	0.5619	0.036	0.2738	0.0556	0.1072	0.0178	0.584	0.0378	0.251
listed	0.1234	0.1765	-0.041	0.6586	0.1645*	0.0881	0.1266	0.167	-0.035	0.7024	0.1617*	0.0897
privatefirm	0.2491**	0.0291	0.174	0.1084	0.0751	0.4933	0.2307**	0.0473	0.1512	0.1612	0.0795	0.4817
stateowned	0.3712***	0.0028	0.2417*	0.064	0.1295	0.3194	0.3675***	0.0039	0.246*	0.0569	0.1215	0.3517
fage	-0.002	0.7093	0.0026	0.5957	-0.005	0.4914	-0.002	0.7742	0.0034	0.4887	-0.005	0.4591
mascope	0.1645*	0.0685	0.1756**	0.0363	-0.011	0.9006	0.1593*	0.0752	0.1695**	0.0412	-0.01	0.9089
mage	0.0172	0.7534	0.0039	0.9445	0.0132	0.8323	0.0197	0.7198	0.0082	0.8851	0.0115	0.8539
wkage	0.0086	0.8902	-0.003	0.9566	0.0115	0.8417	0.0094	0.8803	-64E-5	0.9906	0.0101	0.8616
行业	控制	控制	控制	控制	控制	控制	控制	控制	控制	控制	控制	控制
F值	3.4894	0.000	3.5419	0.000	0.7405	0.851	3.3609	0.000	3.596	0.000	0.7292	0.8706
Adj R-Sq	0.1979		0.2012		0.0264		0.1988		0.2144		0.0293	
	0.1979		0.2012		-0.026		0.1988		0.2144		-0.029	
观测数	334		334		334		334		334		334	

注: 回归分析考虑了异方差, 并同时进行了行业 cluster 调整, *、 ** 和 *** 分别表示 p 小于 0.1、 0.05 和 0.01。

标职能的影响，回归使用的模型是第六章第三节构建的模型1~模型3，为了保证结果的稳健性，也为了更清晰地展示决策权力的影响，本书同时列报了总体分权（author）的回归结果和将决策权力分解后的回归结果。从表中可以看到，财务业绩指标的质量fpmprecision对于财务业绩指标的决策职能和控制职能均有正向的影响，这与假说H4-1一致。总体分权程度会强化财务业绩指标的控制职能，这与假说H4-4一致，但对于财务业绩指标的决策职能则无显著影响。进一步地，从采用三个权力因子的回归分析可以看到，分权强化财务业绩控制主要是人事权力分权所致，重大决策权力分权与资源调配权力分权与财务业绩控制职能正相关，但不显著。关系在表7-1中并无显著性的表现，这与假说H4-15推导时所分析出的正反两方面影响是一致的，说明这正反两方面的力量相互抵消。值得注意的是，对财务业绩指标控制职能与决策职能差异的回归分析结果，总体分权会放大财务业绩指标在控制与决策职能上的差异，这意味着当分权扩大时，财务业绩评价更多地被用于控制，而在决策上的用途则相对淡化。这对于企业业绩评价体系的设计具有鲜明的启示意义。除此之外，在控制变量方面，也有一些比较有趣的观测，在成本领先战略下，财务业绩指标无论在决策抑或控制方面均有重要作用，但客户化和市场占有战略则对财务业绩指标并无明显的依赖。

（二）内部非财务业绩指标质量、分权、上下级关系对于内部非财务业绩指标职能的影响

表7-2列示了内部非财务业绩指标质量、分权、上下级关系对于财务业绩指标职能的影响，回归使用的模型是第六章第三节构建的模型4~模型6，为了保证结果的稳健性，也为了更清晰地展示决策权力的影响，本书同时列报了总体分权（author）的回归结果和将决策权力分解后的回归结果。从表中我们可以看到，内部非财务业绩指标的质量infpmprecision对于内部非财务业绩指标的决策职能和控制职能均有正向的影响，但不显著，未能很好地支持假说H4-1。总体分权程度会强化内部非财务业绩指标的控制职能，这与发展假说H4-5时所提到的分权可能强化事前控制相一

表 7 - 2　　　　　　　　　内部非财务指标质量、分权、上下级关系对其职能的影响

变量	内部非财务指标控制职能		内部非财务指标决策职能		两种职能差异		内部非财务指标控制职能		内部非财务指标决策职能		两种职能差异	
	系数	P 值	系数	P 值	系数	P 值	系数	P 值	系数	P 值	系数	P 值
Intercept	-1.11***	0.0081	-0.759*	0.0708	-0.352	0.3923	-0.003	0.9889	-0.109	0.6085	0.1057	0.5947
connection	0.1167*	0.0832	0.0524	0.447	0.0643	0.3094	0.1028	0.1197	0.0622	0.3662	0.0406	0.5033
author	0.2225***	0.0016	0.1389**	0.0212	0.0835	0.236						
lead							0.2671***	0.0002	0.0931	0.1122	0.1741**	0.0176
resource							0.0776	0.2361	0.1423**	0.0159	-0.065	0.2446
hr							-0.027	0.6065	-0.015	0.8095	-0.012	0.8154
infpmprecision	0.0907	0.1977	0.0775	0.302	0.0132	0.8571	0.0961	0.1741	0.0835	0.2647	0.0126	0.8592
pmquality	0.0664	0.3873	0.121*	0.0998	-0.055	0.4739	0.0836	0.2685	0.1261*	0.0858	-0.042	0.5644
customer	0.0014	0.9808	0.1227*	0.0888	-0.121	0.1434	0.0099	0.8668	0.1236*	0.0848	-0.114	0.1571
mktscope	0.2122***	0.0022	0.2388***	0.0001	-0.027	0.6484	0.2007***	0.0041	0.2167***	0.0005	-0.016	0.7829
lowcost	-0.027	0.6751	0.161**	0.0193	-0.188**	0.0103	-0.004	0.9556	0.1689**	0.0127	-0.172**	0.0176
uncertainty	0.0004	0.9939	0.007	0.8913	-0.007	0.9131	-0.002	0.9649	0.0118	0.8201	-0.014	0.8068
support	-0.058	0.3939	0.0002	0.997	-0.058	0.363	-0.032	0.6239	-0.01	0.8637	-0.022	0.7343
integration	0.1648**	0.0103	0.202***	0.0006	-0.037	0.509	0.1403**	0.0289	0.2054***	0.0005	-0.065	0.2401
technique	-0.064	0.2474	-0.062	0.2529	-0.002	0.9781	-0.042	0.4344	-0.056	0.3075	0.0141	0.8054
management	-0.028	0.6489	-0.065	0.261	0.037	0.5762	-0.053	0.3914	-0.066	0.2573	0.0134	0.8395

续表

变量	内部非财务指标控制职能		内部非财务指标决策职能		两种职能差异		内部非财务指标控制职能		内部非财务指标决策职能		两种职能差异	
	系数	P值	系数	P值	系数	P值	系数	P值	系数	P值	系数	P值
asize	-0.024	0.1508	0.0007	0.9609	-0.025	0.1333	-0.019	0.2603	0.0033	0.8121	-0.022	0.1749
esize	0.0286	0.3271	-37E-5	0.9906	0.029	0.3139	0.0319	0.2711	0.0017	0.9563	0.0302	0.3005
listed	0.075	0.4805	0.1317	0.1595	-0.057	0.5766	0.0687	0.5014	0.1287	0.1707	-0.06	0.5444
privatefirm	-0.097	0.4171	0.0275	0.8002	-0.125	0.2578	-0.102	0.3816	0.067	0.5176	-0.169	0.1225
stateowned	0.0608	0.6372	0.1173	0.3329	-0.056	0.6525	0.0271	0.829	0.1491	0.2076	-0.122	0.3266
fage	-0.004	0.4144	-0.002	0.5385	-0.001	0.7438	-0.005	0.2758	-0.002	0.5456	-0.003	0.5347
mascope	-0.022	0.7966	-0.038	0.6637	0.0159	0.8615	-0.015	0.8572	-0.043	0.616	0.0283	0.7509
mage	0.1054*	0.059	-0.023	0.6241	0.1286***	0.0054	0.1026*	0.0591	-0.025	0.5878	0.128***	0.0051
wkage	0.0214	0.7411	0.0588	0.313	-0.037	0.5327	0.0188	0.7616	0.0552	0.3442	-0.036	0.5386
行业	控制	控制	控制	控制	控制	控制	控制	控制	控制	控制	控制	控制
F值	4.767	0.000	5.5765	0.000	1.3894	0.0821	4.7988	0.000	5.3456	0.000	1.6065	0.0198
Adj R-Sq	0.2718		0.3120		0.0372		0.2853		0.3135		0.0599	
观测数	334		334		334		334		334		334	

注：回归分析考虑了异方差，并同时进行了行业 cluster 调整，*、** 和 *** 分别表示 p 小于 0.1、0.05 和 0.01。

致，而且总体分权程度加强对于非财务业绩指标的决策职能也有所强化，这与假说 H4 - 8 相一致。进一步地，从采用三个权力因子进行回归分析后的统计结果中可以看到，分权强化内部非财务业绩指标控制职能主要是重大决策权力分权所致，资源调配权力分权与内部非财务业绩指标的决策职能显著正相关，但与内部非财务业绩指标的控制职能关系不显著。表 7 - 2 显示上下级关系紧密时，授权者更多地使用内部非财务指标来控制受权者，这与假说 H4 - 15 推导时所分析的关系是一致的，即可以通过沟通来提升内部非财务指标的测量质量，进而强化其控制职能。值得注意的是，对内部非财务业绩指标控制职能与决策职能差异的回归分析结果显示，重大决策权力分权会放大内部非财务业绩指标在控制与决策职能上的差异，这意味着，当分权扩大时，内部非财务业绩评价更多地被用于控制，而在决策上的用途则相对淡化。除此之外，在控制变量方面，也有一些比较有趣的观测，在市场占有战略下，内部非财务业绩指标无论在决策抑或控制方面均有重要作用，客户化和成本领先战略则对内部非财务业绩指标的控制职能并无明显的依赖，但是在这三种战略下，内部非财务指标在决策支持方面都起着非常重要的作用。

（三）外部非财务业绩指标质量、分权、上下级关系对于外部非财务业绩指标职能的影响

表 7 - 3 列示了外部非财务业绩指标质量、分权、上下级关系对于财务业绩指标职能的影响，回归使用的模型是第六章第三节构建的模型 7 ~ 模型 9，为了保证结果的稳健性，也为了更清晰地展示决策权力的影响，本书同时列报了总体分权（author）的回归结果和将决策权力分解后的回归结果。从表中我们可以看到，外部非财务业绩指标的质量 onfpmprecision 对于外部财务业绩指标的决策职能和控制职能均有正向的影响，但不显著，未能很好地支持假说 H4 - 1。总体分权程度与外部非财务业绩指标的控制职能无关，这与假说 H4 - 6 的预测一致。但分权可以显著强化外部非财务业绩指标的决策职能，进一步地，从采用三个权力因子进行回归分析后的统计结果中可以看到，分权强化外部非财务业绩指标控制职能主要是人事权力分权所致，这与假说 H4 - 9

表7－3　外部非财务指标质量、分权、上下级关系对其职能的影响

变量	外部非财务指标控制职能		外部非财务指标决策职能		两种职能差异		外部非财务指标控制职能		外部非财务指标决策职能		两种职能差异	
	系数	P值	系数	P值	系数	P值	系数	P值	系数	P值	系数	P值
Intercept	-0.435	0.2703	-0.223	0.6	-0.212	0.6165	-0.284	0.265	0.447*	0.0654	-0.731***	0.0021
connection	0.0103	0.8887	0.013	0.8587	-0.003	0.9669	0.0257	0.7279	0.0119	0.8713	0.0138	0.8307
author	0.0312	0.5872	0.1103*	0.0803	-0.079	0.2089						
lead							-0.06	0.3064	0.0169	0.7689	-0.077	0.2499
resource							0.0988	0.1559	0.0457	0.4803	0.053	0.4067
hr							0.0695	0.2292	0.2433***	0.0005	-0.174**	0.0151
onfpmprecision	0.0813	0.3206	0.0529	0.4696	0.0284	0.7064	0.0913	0.26	0.0658	0.3632	0.0255	0.7308
pmquality	0.1999**	0.0334	0.0652	0.4369	0.1347	0.1258	0.1852**	0.0467	0.0358	0.6651	0.1494*	0.0968
customer	0.1153	0.1188	0.1589**	0.044	-0.044	0.6034	0.1082	0.1354	0.1486*	0.0552	-0.04	0.6182
mktscope	0.133**	0.033	0.1228**	0.0411	0.0102	0.8616	0.1318**	0.0432	0.1716***	0.0081	-0.04	0.5183
lowcost	0.1368*	0.0598	0.0715	0.2825	0.0653	0.3578	0.1203*	0.0982	0.0314	0.6327	0.0889	0.2236
uncertainty	-0.101*	0.068	-0.044	0.4206	-0.058	0.3868	-0.097*	0.0789	-0.047	0.3736	-0.05	0.4295
support	-0.03	0.6126	0.0329	0.5915	-0.063	0.3057	-0.059	0.3465	0.0168	0.7859	-0.076	0.1986
integration	0.1667**	0.014	-0.029	0.6357	0.1958***	0.0085	0.1886***	0.0073	-0.008	0.8977	0.1964**	0.0104
technique	-0.032	0.5454	-0.034	0.5563	0.0016	0.9798	-0.049	0.3577	-0.066	0.2344	0.0178	0.7771
management	-0.036	0.5173	0.0124	0.8485	-0.048	0.441	-0.017	0.7713	0.0403	0.5285	-0.057	0.3548

续表

变量	外部非财务指标控制职能		外部非财务指标决策职能		两种职能差异		外部非财务指标控制职能		外部非财务指标决策职能		两种职能差异	
	系数	P值	系数	P值	系数	P值	系数	P值	系数	P值	系数	P值
asize	0.0027	0.854	0.0003	0.98	0.0024	0.8682	-88E-5	0.9528	-0.01	0.467	0.009	0.5227
esize	0.0322	0.3122	-0.014	0.6592	0.0464*	0.0998	0.0317	0.3068	-0.017	0.6012	0.0482*	0.0822
listed	-0.045	0.6341	-0.03	0.7448	-0.015	0.8584	-0.042	0.6474	-0.023	0.7975	-0.019	0.8187
privatefirm	0.0395	0.7187	-0.081	0.4894	0.1203	0.2574	0.0637	0.5581	-0.131	0.2469	0.195*	0.0779
stateowned	-0.259**	0.0469	-0.342***	0.007	0.0833	0.5222	-0.213*	0.0816	-0.349***	0.0046	0.1356	0.2892
fage	0.001	0.8183	0.002	0.669	-0.001	0.8549	0.0021	0.6382	0.0033	0.4799	-0.001	0.8211
mascope	-0.07	0.4696	-0.052	0.5982	-0.018	0.8485	-0.081	0.4014	-0.059	0.5424	-0.022	0.8114
mage	-0.022	0.6611	-0.095*	0.0693	0.0721	0.1288	-0.021	0.6748	-0.088*	0.092	0.0666	0.1605
wkage	0.109*	0.0792	0.0797	0.191	0.0294	0.6158	0.1075*	0.0826	0.0818	0.1656	0.0257	0.6555
行业	控制	控制	控制	控制	控制	控制	控制	控制	控制	控制	控制	控制
F值	3.0272	292E-9	3.39	12E-9	1.5235	0.0374	3.031	157E-9	3.8115	13E-11	1.7208	0.009
Adj R-Sq	0.1673		0.1915		0.0493		0.1759		0.2281		0.0704	
观测数	334		334		334		334		334		334	

注：回归分析考虑了异方差，并同时进行了行业 cluster 调整。*、** 和 *** 分别表示 p 小于 0.1、0.05 和 0.01。

一致。表7-3显示上下级关系紧密度与外部非财务业绩指标的控制职能无关，这与假说 H4-15 是一致的。值得注意的是，在市场占有战略与客户化战略下，外部非财务业绩指标无论在决策抑或控制方面均有重要作用，成本领先战略则对外部非财务业绩指标的决策职能并无明显的依赖，但仍然显著地依赖外部非财务业绩指标在控制方面的作用。

二、业绩指标质量、分权对于业绩指标使用程度的影响

本书提出的假说 H4-2、假说 H4-10 ~ 假说 H4-12 探讨的是业绩指标质量、分权对于业绩指标使用程度的影响。这些假说共同的因变量是业绩指标使用程度。本书将区分财务业绩指标、内部非财务业绩指标和外部非财务业绩指标进行检验。

表7-4列示了业绩指标质量、分权对于业绩指标使用程度的影响，回归使用的模型是第六章第三节构建的模型10 ~ 模型12，为了保证结果的稳健性，也为了更清晰地展示决策权力的影响，本书同时列报了总体分权（author）的回归结果和将决策权力分解后的回归结果。从表中可以看到，各类业绩指标的质量（fpmprecision，infpmprecision，onfpmprecision）对于各类业绩指标的使用程度均有正向的影响，这与假说 H4-2 一致。总体分权程度会强化对各类业绩指标的使用，这与假说 H4-11 和假说 H4-12 一致，与正面支持假说 H4-10 的理论论证一致。进一步地，从采用三个权力因子进行回归分析后的统计结果中可以看到，分权强化财务业绩指标的使用主要是人事权力分权所致，重大决策权力分权与资源调配权力分权则强化了内部非财务业绩指标的使用，而人事权力分权、重大决策权力分权与资源调配权力分权均会强化外部非财务指标的使用。关系在表7-4中并无显著性的表现。除此之外，在成本领先战略下，财务业绩指标、内部非财务业绩指标和外部非财务业绩指标均得到强化使用，客户化战略和市场占有战略则对财务业绩指标并无明显的依赖，但会显著促进内部非财务指标和外部非财务指标的使用，尽管内部非财务指标回归中客户化战略仅仅在边际上显著。

表 7－4 业绩指标质量、分权对于业绩指标使用程度的影响

变量	财务指标使用程度		内部非财务指标使用程度		外部非财务指标使用程度		财务指标使用程度		内部非财务指标使用程度		外部非财务指标使用程度	
	系数	P值	系数	P值	系数	P值	系数	P值	系数	P值	系数	P值
Intercept	4.8757***	39E－32	4.1822***	21E－28	3.6469***	33E－38	5.4685***	7E－82	5.1795***	17E－79	4.3316***	83E－88
connection	-0.003	0.9661	0.086	0.1139	0.03	0.4887	0.0008	0.9898	0.0854	0.1196	0.0334	0.4485
author	0.1089*	0.0571	0.1999***	0.0002	0.1292***	0.0005						
lead							0.0473	0.4162	0.1754***	0.0008	0.0628*	0.0684
resource							0.0792	0.1421	0.1265**	0.018	0.0971**	0.0217
hr							0.1349**	0.0292	0.0342	0.5011	0.1198***	0.0039
fpmprecision	0.1955***	0.0098					0.1901***	0.009				
infpmprecision			0.1818***	0.0078					0.1844***	0.0078		
onfpmprecision					0.0841*	0.071					0.0909*	0.0527
pmquality	0.0176	0.7927	0.1054	0.1139	0.0789	0.1311	0.0059	0.9288	0.1108*	0.0955	0.0667	0.1964
customer	0.0039	0.9489	0.0901	0.1026	0.122**	0.0122	-78E－5	0.9898	0.0923*	0.0961	0.1173**	0.0156
mktscope	-0.014	0.8166	0.2412***	151E－7	0.1107***	0.0016	0.006	0.9244	0.2343***	32E－6	0.1245***	0.0011
lowcost	0.2655***	0.0002	0.1322**	0.0262	0.1233***	0.0079	0.246***	0.0004	0.1381**	0.0198	0.1071**	0.0186
uncertainty	-0.088*	0.0679	-0.023	0.5925	-0.039	0.2012	-0.087*	0.0707	-0.022	0.6201	-0.037	0.2161
support	0.1456***	0.0089	-0.005	0.9262	-0.007	0.8514	0.1328**	0.0208	-0.003	0.9524	-0.02	0.5992
integration	-0.108**	0.0468	0.1708***	0.0021	0.0454	0.2345	-0.095*	0.0851	0.1669***	0.003	0.0572	0.1338

续表

变量	财务指标使用程度		内部非财务指标使用程度		外部非财务指标使用程度		财务指标使用程度		内部非财务指标使用程度		外部非财务指标使用程度	
	系数	P值	系数	P值	系数	P值	系数	P值	系数	P值	系数	P值
technique	0.0113	0.836	-0.072	0.1009	-0.032	0.3523	-0.007	0.8949	-0.067	0.1304	-0.047	0.1679
management	-0.037	0.4559	-0.071	0.1539	-0.013	0.7275	-0.022	0.6576	-0.077	0.1251	-9E-4	0.9809
asize	0.0138	0.3531	-0.008	0.5541	-0.002	0.7876	0.0088	0.5532	-0.006	0.6442	-0.006	0.4818
esize	0.051	0.1212	0.0275	0.2892	0.0117	0.5732	0.0509	0.1167	0.0297	0.2517	0.0117	0.5682
listed	0.0473	0.5801	0.0874	0.2926	0.016	0.7765	0.0516	0.5458	0.085	0.3048	0.0187	0.7391
privatefirm	0.2375**	0.0236	-0.007	0.9386	-0.021	0.757	0.2236**	0.0344	0.0023	0.9804	-0.028	0.6682
stateowned	0.2799**	0.0152	0.0521	0.6184	-0.141*	0.0697	0.2867**	0.0139	0.0536	0.6014	-0.13*	0.0869
fage	-8E-4	0.8699	-0.003	0.5354	0.0001	0.9666	-64E-6	0.9899	-0.003	0.5067	0.0008	0.794
mascope	0.1693**	0.0367	-0.03	0.6579	-0.011	0.8489	0.1619**	0.0426	-0.032	0.6385	-0.018	0.757
mage	0.0047	0.9219	0.0213	0.6269	-0.02	0.5271	0.0079	0.8695	0.0202	0.6408	-0.018	0.575
wkage	0.0465	0.3969	0.0502	0.343	0.0617	0.1152	0.0475	0.3901	0.0481	0.3597	0.0614	0.1183
行业	控制	控制	控制	控制	控制	控制	控制	控制	控制	控制	控制	控制
F值	4.9009	2E-14	9.4257	34E-31	7.9024	33E-26	4.8104	14E-15	8.8797	22E-30	7.8101	96E-27
Adj R-Sq	0.2788		0.4550		0.4062		0.2860		0.4530		0.4172	
观测数	334		334		334		334		334		334	

注：回归分析考虑了异方差，并同时进行了行业 cluster 调整，*，** 和 *** 分别表示 p 小于 0.1、0.05 和 0.01。

三、业绩指标质量、上下级关系对于分权的影响

本书提出的假说 H4－3 和假说 H4－13 探讨的是业绩指标质量、上下级关系对于分权的影响。这些假说共同的因变量是分权程度。本书对于这些假说的检验，将区分总体权力、重大决策权力、资源调配权力以及人事权力，但其模型类似，区别仅在于因变量的差异。本书使用模型 13 对之进行检验。在模型设计中，对于权力的量度使用的是 author 这一简单平均测量，但在回归分析中，表 7－5 同时列报了由因子分析分离出的三个权力因子的相关回归结果。从表中可以看到，各类业绩指标的质量（fpmprecision, infpmprecision, onfpmprecision）对于总体分权均有正向的影响，但仅有财务业绩指标质量上的系数显著，这与假说 H4－3 基本一致。进一步观察各个权力因子，本书发现这一结果主要是由财务业绩指标质量促进资源调配权力分权所致。上下级关系的系数也显著为正，这与假说 H4－13 的预测相一致。进一步，从采用三个权力因子进行回归分析后的统计结果中可以看到，上下级关系促进分权主要源于上下级关系促进了重大决策权力分权。除此之外，在控制变量方面，市场占有战略会促进总体分权，但市场占有战略下的分权具有比较复杂的内涵，市场占有战略促进了资源调配权力分权，却在人事权力方面采取了较为集权的举措。而上下级之间的信息不对称，无论是技术信息不对称还是管理信息不对称都会促进分权。

表 7－5　　　　　　　　业绩指标质量、上下级关系对于分权的影响

变量	总体分权		重大决策权力分权		资源调配权力分权		人事权力分权	
	系数	P 值	系数	P 值	系数	P 值	系数	P 值
Intercept	5. 4689 ***	0. 0000	0. 1731	0. 4369	0. 6287 ***	0. 0083	－ 0. 415	0. 1164
connection	**0. 2164 *****	**0. 0008**	**0. 2464 *****	**0. 0001**	**－ 0. 016**	**0. 8263**	**0. 0737**	**0. 2687**
fpmprecision	**0. 1589 ***	**0. 0626**	**0. 0479**	**0. 6247**	**0. 1605 ****	**0. 0298**	**0. 0686**	**0. 4299**
infpmprecision	0. 0431	0. 5884	0. 0135	0. 8724	－ 0. 014	0. 8704	0. 1199	0. 1726
onfpmprecision	0. 0596	0. 4186	0. 1187	0. 1173	－ 0. 023	0. 7865	－ 0. 092	0. 2279
pmquality	0. 1538 *	0. 062	0. 0519	0. 5298	0. 0892	0. 2306	0. 1399 **	0. 0465
customer	0. 0643	0. 4103	0. 0153	0. 7995	0. 0486	0. 5103	0. 0523	0. 3325

变量	总体分权		重大决策权力分权		资源调配权力分权		人事权力分权	
	系数	P 值	系数	P 值	系数	P 值	系数	P 值
mktscope	0.1233 **	0.0428	0.0516	0.3438	0.2233 ***	0.0016	-0.181 ***	0.0045
lowcost	-0.024	0.6632	-0.079	0.1378	-0.013	0.8244	0.1491 **	0.0161
uncertainty	-0.117 **	0.0247	-0.055	0.3042	-0.116 **	0.0366	-0.02	0.7108
support	0.046	0.4649	-0.112 *	0.0785	0.1988 ***	0.0012	0.0554	0.3337
integration	0.1111 *	0.0635	0.1828 ***	0.0028	-0.039	0.5668	-0.038	0.5006
technique	0.2341 ***	0.0001	0.0861	0.1053	0.1529 ***	0.0099	0.2125 ***	0.0002
management	0.2294 ***	0.0002	0.2612 ***	198E-7	0.0583	0.3563	-0.049	0.4072
asize	0.0147	0.4299	-0.004	0.7999	0.0036	0.8139	0.048 ***	0.0021
esize	-0.066 *	0.055	-0.052 *	0.075	-0.047	0.1739	-0.006	0.8663
listed	-0.166 *	0.0785	-0.096	0.3186	-0.087	0.3784	-0.081	0.4376
privatefirm	-0.126	0.3	0.0491	0.698	-0.408 ***	0.0013	0.2357 *	0.0652
stateowned	-0.068	0.5932	0.1859	0.1673	-0.402 ***	0.0042	0.0837	0.5322
fage	-23E-5	0.9578	0.0049	0.2916	-0.005	0.2771	-0.005	0.3081
mascope	0.1582 *	0.0746	0.0634	0.4826	0.16 *	0.0675	0.0649	0.4589
mage	0.0717	0.1476	0.0601	0.1772	0.042	0.4287	-0.012	0.8341
wkage	-0.036	0.5143	-0.03	0.5982	0.0082	0.8825	-0.029	0.6398
行业	控制	控制	控制	控制	控制	控制	控制	控制
F 值	10.102	0.0000	5.9785	0.0000	4.2264	0.0000	3.6918	0.0000
Adj R-Sq	0.4817	0.4817	0.3370	0.3370	0.2478	0.2478	0.2156	0.2156
观测数	334		334		334		334	

注：回归分析考虑了异方差，并同时进行了行业 cluster 调整，*、** 和 *** 分别表示 p 小于 0.1、0.05 和 0.01。

四、上下级关系、业绩指标质量、法治指数与分权

本书提出的假说 H4-16 涉及关系与法制指数、业绩指标质量与法制指数的匹配，因变量是分权。本书对这一假说的检验将使用模型 17 进行。表 7-6 列示了对模型 17 回归分析的结果，这一结果是令人颇为讶异的，即法制指数会显著正向地调节上下级关系与分权的正向关联，而反向调节业绩指标质量与

分权的正向关联尽管并不显著，但三类业绩指标与法制指数的交叉项均为负号，这与本书假说 H4 - 16 的预测并不一致。本书认为之所以出现这种不一致，主要原因在于法制指数变量还反映了其他社会环境因素。樊纲等所计算的法制指数，这一指数取值较高的省份，往往也是省际移民较为频繁的省份，移民会弱化传统社会赖以组织和维系的信任，形成陌生人社会，进而加深企业对于关系的依赖。同时，法制完善的省份往往也是市场竞争激烈的地方，在这些地方，市场会有强烈的市场波动，这有可能为业绩指标的测量引入噪声，使之准确度降低，从而降低了其控制分权的效果，并抵消了法制完善时这些业绩指标对于契约缔结和执行的好处。

表 7 - 6　　　　　　上下级关系、业绩指标质量、法治指数与分权

变量	总体分权		重大决策权力分权		资源调配权力分权		人事权力分权	
	系数	P 值	系数	P 值	系数	P 值	系数	P 值
Intercept	5.6163 ***	0.0000	0.4434 **	0.0495	0.6837 ***	0.0099	- 0.69 **	0.0213
law	- 0.009	0.2094	- 0.018 **	0.0166	- 0.003	0.7489	0.0179 **	0.0393
connection	- 0.199	0.2723	- 0.148	0.4017	- 0.2	0.334	0.1213	0.5748
lawconnection	**0.0282 ****	**0.011**	**0.025 ****	**0.0244**	**0.0131**	**0.287**	**- 48E - 5**	**0.9705**
fpmprecision	0.3754 *	0.0645	0.1293	0.536	0.2794	0.2123	0.309	0.1102
lawfpmprecision	**- 0.014**	**0.3236**	**- 0.003**	**0.8292**	**- 0.009**	**0.5485**	**- 0.019**	**0.1458**
infpmprecision	0.1028	0.6076	0.3906 *	0.0585	- 0.161	0.4426	- 0.34	0.1048
lawinfpmprecision	**- 0.001**	**0.9759**	**- 0.029 ***	**0.0895**	**0.0143**	**0.3496**	**0.0407 ****	**0.0108**
onfpmprecision	0.3381	0.1027	0.1314	0.5071	0.205	0.3724	0.2022	0.4322
lawonfpmprecision	**- 0.019**	**0.1631**	**0.0012**	**0.9299**	**- 0.016**	**0.2734**	**- 0.023**	**0.1706**
customer	0.0754	0.3377	0.0297	0.6184	0.0507	0.4903	0.0442	0.4245
mktscope	0.1423 **	0.0225	0.0504	0.3403	0.2374 ***	0.0011	- 0.152 **	0.0163
lowcost	- 0.014	0.8132	- 0.061	0.2411	- 0.013	0.8292	0.1356 **	0.0296
uncertainty	- 0.116 **	0.0213	- 0.057	0.2783	- 0.115 **	0.0351	- 0.015	0.7706
support	0.0416	0.5093	- 0.126 **	0.0488	0.1977 ***	0.001	0.0769	0.1729
integration	0.0889	0.1324	0.1767 ***	0.003	- 0.055	0.4403	- 0.059	0.2666
technique	0.2523 ***	154E - 7	0.1058 **	0.0428	0.1589 ***	0.0069	0.2069 ***	0.0002
management	0.2589 ***	104E - 7	0.2908 ***	275E - 9	0.0676	0.2926	- 0.054	0.3722
asize	0.0224	0.2504	0.0032	0.862	0.0069	0.6568	0.0465 ***	0.0026

续表

变量	总体分权		重大决策权力分权		资源调配权力分权		人事权力分权	
	系数	P 值	系数	P 值	系数	P 值	系数	P 值
esize	−0.078 **	0.0271	−0.064 **	0.0315	−0.054	0.1197	−0.002	0.95
listed	−0.125	0.1834	−0.06	0.535	−0.07	0.4781	−0.078	0.4625
privatefirm	−0.141	0.2362	0.0121	0.9211	−0.408 ***	0.0015	0.2789 **	0.0303
stateowned	−0.106	0.3835	0.1383	0.2758	−0.414 ***	0.0038	0.1067	0.4107
fage	−6E−4	0.8891	0.0049	0.2944	−0.005	0.2497	−0.005	0.2398
mascope	0.2056 **	0.0197	0.1057	0.2446	0.1782 **	0.0421	0.0636	0.4891
mage	0.0794	0.1281	0.0812 *	0.0781	0.0366	0.5063	−0.03	0.607
wkage	−0.054	0.3304	−0.062	0.2725	0.0084	0.8786	−0.006	0.9157
行业	控制	控制	控制	控制	控制	控制	控制	控制
F 值	9.1768	0.0000	5.8459	0.0000	3.7695	0.0000	3.5253	0.0000
Adj R-Sq	0.4827	0.4827	0.3561	0.3561	0.2401	0.2401	0.2237	0.2237
观测数	334		334		334		334	

注：回归分析考虑了异方差，并同时进行了行业 cluster 调整，* 、** 和 *** 分别表示 p 小于 0.1、0.05 和 0.01。

五、上下级关系对于业绩指标质量的影响

本书提出的假说 H4 - 14 探讨的是上下级关系对于业绩指标质量的影响，因变量是业绩指标质量。本书对于这些假说的检验将区分财务业绩指标、内部非财务业绩指标以及外部非财务业绩指标。本书使用模型 14 对之进行检验。表 7 - 7 列示了对模型 14 的回归结果，从表中可以看到，上下级关系对于三类业绩指标的质量均有正向的影响，这与假说 H4 - 14 的预测完全一致。

表 7 - 7　　　　　　上下级关系对于业绩指标质量的影响

变量	财务业绩指标质量		内部非财务指标质量		外部非财务指标质量	
	系数	P 值	系数	P 值	系数	P 值
Intercept	−0.234	0.2783	0.2375	0.2973	0.0852	0.6959
connection	**0.3418 *****	**0.0000**	**0.2989 *****	**0.0000**	**0.2595 *****	**0.0000**
customer	0.2043 ***	0.0024	0.1683 **	0.0284	0.1391 **	0.0477

续表

变量	财务业绩指标质量		内部非财务指标质量		外部非财务指标质量	
	系数	P 值	系数	P 值	系数	P 值
mktscope	0.0257	0.6491	0.0522	0.3443	0.1834 ***	0.0022
lowcost	0.1125 **	0.0365	0.0901	0.1018	− 0.028	0.6404
uncertainty	0.1158 **	0.0179	0.1087 **	0.0229	0.0987 *	0.0536
support	0.0353	0.5059	0.0894	0.1268	0.0741	0.2227
integration	− 0.046	0.3675	− 0.003	0.9512	0.0939 *	0.0855
technique	− 0.033	0.525	− 0.023	0.6682	0.039	0.4806
management	0.1632 ***	0.0016	0.2122 ***	0.0002	0.1865 ***	0.0012
asize	0.005	0.6957	0.0012	0.924	− 25E − 5	0.9862
esize	0.0298	0.2951	− 0.042	0.1402	− 0.02	0.4763
listed	0.1069	0.1816	0.0863	0.307	0.0671	0.4316
privatefirm	− 0.068	0.528	− 0.101	0.3594	0.0261	0.8141
stateowned	− 0.216 *	0.0879	− 0.303 **	0.0216	− 0.083	0.513
fage	− 0.004	0.3291	− 0.005	0.2076	− 0.006	0.1254
mascope	− 0.017	0.8291	0.0711	0.3865	0.0407	0.6148
mage	0.1264 ***	0.0073	0.0484	0.2898	0.0455	0.3501
wkage	0.0386	0.4838	0.1395 ***	0.0024	0.1179 **	0.023
行业	控制	控制	控制	控制	控制	控制
F 值	8.784	0.0000	8.496	0.0000	7.8472	0.0000
Adj R-Sq	0.4122	0.4122	0.4031	0.4031	0.3815	0.3815
观测数	334		334		334	

注：回归分析考虑了异方差，并同时进行了行业 cluster 调整，* 、** 和 *** 分别表示 p 小于 0.1、0.05 和 0.01。

六、上下级关系、业绩指标质量与薪酬

本书提出的假说 H4－17 和假说 H4－18 探讨的是上下级关系、业绩指标质量对薪酬敏感性的影响，假说 H4－19 和假说 H4－20 探讨的是上下级关系、业绩指标质量对薪酬黏性的影响。本书分别使用模型 18 和模型 19 检验本书对于薪酬敏感性和薪酬黏性的预测。表 7－8 列示了相关的回归分析结果，各类

业绩指标质量在薪酬敏感性回归中的系数均为正，这与假说 H4 – 17 一致，但是仅有内部非财务指标的系数显著。而在薪酬黏性检验中，各类业绩指标质量均未通过显著性检验，原因可能是本书对于业绩指标的量度存在噪声。使用 connection 进行回归时的结果并无显著性，但是使用 gx 代理上下级关系时所得分析结果与假说 H4 – 18 和假说 H4 – 20 是一致的。

表 7 – 8　　　　　　　　上下级关系、业绩指标质量与薪酬

变量	薪酬黏性		薪酬敏感性		薪酬黏性		薪酬敏感性	
	系数	P 值	系数	P 值	系数	P 值	系数	P 值
Intercept	1. 3745 ***	0. 0009	– 0. 08	0. 6515	1. 3667 ***	0. 0009	– 0. 129	0. 4582
connection	**0. 0969**	**0. 4308**	**0. 0657**	**0. 2387**				
gx					**– 0. 115 ***	**0. 0735**	**0. 0409 ***	**0. 051**
lead	0. 032	0. 7691	– 0. 067	0. 1941	0. 0353	0. 7412	– 0. 047	0. 3468
resource	– 0. 073	0. 4792	0. 0968 **	0. 0485	– 0. 066	0. 5267	0. 0956 *	0. 0519
hr	– 0. 051	0. 5435	– 0. 027	0. 5074	– 0. 047	0. 5813	– 0. 021	0. 607
fpmprecision	**0. 1187**	**0. 4882**	**0. 0842**	**0. 2733**	**0. 1604**	**0. 3681**	**0. 0892**	**0. 2429**
infpmprecision	**0. 1299**	**0. 3843**	**0. 1602 ***	**0. 0403**	**0. 1394**	**0. 3473**	**0. 1625 ***	**0. 0364**
onfpmprecision	**– 0. 141**	**0. 3277**	**0. 038**	**0. 5957**	**– 0. 158**	**0. 2728**	**0. 046**	**0. 5202**
pmquality	0. 2962 **	0. 0385	0. 0939	0. 1125	0. 3111 **	0. 0265	0. 1055 *	0. 0731
customer	– 0. 091	0. 5292	0. 0386	0. 3595	– 0. 1	0. 4883	0. 0394	0. 3435
mktscope	– 0. 294 ***	0. 0091	0. 0633	0. 2506	– 0. 262 **	0. 017	0. 0668	0. 2188
lowcost	– 0. 085	0. 496	0. 0258	0. 6234	– 0. 084	0. 4911	0. 0303	0. 5634
uncertainty	0. 002	0. 9854	– 0. 025	0. 5156	– 0. 016	0. 8829	– 0. 019	0. 6281
support	– 0. 029	0. 7787	– 0. 023	0. 6502	– 0. 026	0. 8079	– 0. 022	0. 6534
integration	0. 1921 *	0. 0806	0. 1711 ***	0. 0003	0. 2081 *	0. 0589	0. 172 ***	0. 0003
technique	0. 037	0. 7468	0. 0376	0. 4398	0. 0654	0. 5531	0. 0415	0. 3828
management	– 0. 03	0. 8055	0. 1156 **	0. 0272	0. 003	0. 9801	0. 1125 **	0. 0336
asize	0. 0019	0. 9422	– 0. 002	0. 8844	– 25E – 5	0. 9927	0. 0004	0. 9744
esize	– 0. 134 **	0. 0257	– 0. 01	0. 6715	– 0. 129 **	0. 0316	– 0. 008	0. 7503
listed	0. 1924	0. 3169	0. 151 **	0. 0481	0. 27	0. 1752	0. 1346 *	0. 0872
privatefirm	0. 0013	0. 9955	0. 0845	0. 3694	0. 0617	0. 7967	0. 071	0. 4498
stateowned	– 0. 071	0. 7836	0. 1182	0. 2566	– 0. 058	0. 8236	0. 1134	0. 2705
fage	0. 0121	0. 1241	– 0. 006 *	0. 0629	0. 0127 *	0. 099	– 0. 006 *	0. 0533

续表

变量	薪酬黏性		薪酬敏感性		薪酬黏性		薪酬敏感性	
	系数	P 值	系数	P 值	系数	P 值	系数	P 值
mascope	-0.053	0.7642	0.0947	0.1762	-0.073	0.6783	0.1028	0.1444
mage	-0.109	0.2826	0.0509	0.2186	-0.125	0.2248	0.0556	0.183
wkage	-0.118	0.2869	-0.006	0.9011	-0.118	0.2865	-0.001	0.981
行业	控制	控制	控制	控制	控制	控制	控制	控制
F 值	1.0514	0.3943	6.6338	0.0000	1.115	0.3048	6.6538	0.0000
Adj R-Sq	0.0057	0.0057	0.3850	0.385	0.0126	0.0126	0.3858	0.3858
观测数	334		334		334		334	

注：回归分析考虑了异方差，并同时进行了行业 cluster 调整，＊、＊＊ 和 ＊＊＊ 分别表示 p 小于 0.1、0.05 和 0.01。

七、关系、业绩指标质量、分权与企业业绩

本书提出的假说 H4－21 和假说 H4－22 涉及关系与分权、业绩指标质量与分权的匹配，因变量是企业业绩。表 7－9 列示了回归分析结果，从表中可以看到，关系与分权的交叉项系数显著为正，这表明关系与分权相匹配的确带来了较好的业绩，假说 H4－21 得证。但各类指标量度质量与分权的匹配项则无显著性，未能很好地支持假说 H4－22。除此之外，控制变量给予了我们非常有趣的统计结果，onfpmctrlauthor 显著正相关，这表明外部非财务指标控制职能与分权相匹配可以带来良好的业绩，customerauthor 系数显著为负表明客户化战略下分权对于企业业绩是不利的，但是 mktscopeauthor 系数显著为正则表明市场占有战略下进行更多分权则会导致较好的业绩后果。

表 7－9   上下级关系、业绩指标质量、分权与企业业绩

变量	企业业绩	
	系数	P 值
Intercept	3.9023 ***	0.0046
author	0.0795	0.7622
connection	-0.34	0.1312

续表

变量	企业业绩	
	系数	P 值
connectionauthor	**0. 0752 ***	**0. 0833**
fpmctrl	0. 2776 *	0. 0767
fpmctrlauthor	− 0. 048	0. 1429
infpmctrl	− 0. 09	0. 5739
infpmctrlauthor	0. 0231	0. 4671
onfpmctrl	− 0. 32	0. 1242
onfpmctrlauthor	0. 0776 *	0. 0616
fpmprecision	− 0. 126	0. 6514
fpmprecisionauthor	**0. 0399**	**0. 4561**
infpmprecision	0. 0091	0. 9748
infpmprecisionauthor	**0. 0015**	**0. 9779**
onfpmprecision	0. 5365 *	0. 0577
onfpmprecisionauthor	**− 0. 077**	**0. 159**
customer	0. 4711 ***	0. 0055
customerauthor	− 0. 084 ***	0. 008
mktscope	− 0. 768 ***	0. 0009
mktscopeauthor	0. 1455 ***	0. 0009
lowcost	0. 0174	0. 9383
lowcostauthor	0. 0023	0. 9579
uncert	0. 0612 *	0. 0749
uncertauthor	− 0. 01	0. 1554
interd	− 0. 164	0. 355
interdauthor	0. 0357	0. 2833
informasy	− 0. 012	0. 9398
informasyauthor	0. 0184	0. 5499
asize	0. 0251 **	0. 0291
esize	− 0. 017	0. 4736
listed	0. 1122	0. 1154
privatefirm	− 0. 016	0. 8551
stateowned	0. 0601	0. 5414

续表

变量	企业业绩	
	系数	P 值
fage	0.0029	0.424
mascope	−0.018	0.7712
mage	−0.008	0.8331
wkage	−0.05	0.2025
行业	控制	控制
F 值	5.1299	0.0001
Adj R-Sq		0.3732
观测数		334

注：回归分析考虑了异方差，并同时进行了行业 cluster 调整，＊、＊＊和＊＊＊分别表示 p 小于 0.1、0.05 和 0.01。

八、对假说检验情况的汇总

本书检验所涉及的假说众多，回归分析表格也比较复杂，而且本书对假说的检验全部区分财务业绩指标、内部非财务业绩指标和外部非财务业绩指标，为求给予读者一个清晰的印象，本书制作了表 7 – 10，其中汇总了本书所有假说的验证情况。本书大部分假说均得到了良好的证明，但由于变量计量中可能出现的噪声或竞争性的理论因素，部分假说并未与预期一致。在这一部分，对于未能得到完全证明的假说，本书将阐述可能的原因或进行解释，当然，在前面已详细解释的假说，比如竞争性假说导致的未完全验证，本书将不再赘述。

表 7 – 10　　　　　　　　对本文假说检验情况的汇总描述

假说编号	涉及主要变量	预测符号	是否得证	备注
假说 H4 – 1	业绩指标质量、业绩指标的控制职能、业绩指标的决策职能	+	部分得证	财务业绩指标得证，内部非财务业绩指标和外部非财务业绩指标未得证
假说 H4 – 2	业绩指标质量、业绩指标使用程度	+	得证	

假说编号	涉及主要变量	预测符号	是否得证	备注
假说 H4-3	业绩指标质量、分权	+	部分得证	财务业绩指标得证，内部非财务业绩指标和外部非财务业绩指标均未得证
假说 H4-4	分权、财务业绩指标的控制职能	+	得证	
假说 H4-5	分权、内部非财务业绩指标的控制职能	?	部分得证	分权会强化内部非财务业绩指标的控制职能
假说 H4-6	分权、外部非财务业绩指标的控制职能	?	得证	
假说 H4-7	分权、财务业绩指标的决策职能	?	得证	
假说 H4-8	分权、内部非财务业绩指标的决策职能	+	得证	
假说 H4-9	分权、外部非财务业绩指标的决策职能	+	得证	
假说 H4-10	分权、财务业绩指标的使用程度	?	部分得证	分权会强化对于财务业绩指标的使用
假说 H4-11	分权、内部非财务业绩指标的使用程度	+	得证	
假说 H4-12	分权、外部非财务业绩指标的使用程度	+	得证	
假说 H4-13	上下级关系紧密度、分权	+	得证	
假说 H4-14	上下级关系紧密度、业绩指标质量	+	得证	
假说 H4-15	上下级关系紧密度、业绩指标的控制职能	?	得证	

续表

假说编号	涉及主要变量	预测符号	是否得证	备注
假说 H4 – 16	法制指数、分权、上下级关系紧密度、业绩指标质量	+ , –	未得证	法治指数变量可能反映了其他社会环境因素
假说 H4 – 17	业绩指标质量、薪酬业绩敏感度	+	部分得证	内部非财务业绩指标得证，财务业绩指标和外部非财务业绩指标未得证
假说 H4 – 18	上下级关系紧密度、薪酬业绩敏感度	+	部分得证	使用 gx 得证，使用 connection 未得证
假说 H4 – 19	业绩指标质量、薪酬黏性	–	未得证	
假说 H4 – 20	上下级关系紧密度、薪酬黏性	–	部分得证	使用 gx 得证，使用 connection 未得证
假说 H4 – 21	上下级关系紧密度、分权、企业业绩	+	得证	
假说 H4 – 22	业绩指标质量、分权、企业业绩	+	未得证	

假说 H4 – 1 预测各类业绩指标的度量精度影响其控制或决策上的使用，在理论上应当是没有问题的。但最终只有财务业绩指标得到证明，而内部非财务业绩指标和外部非财务业绩指标未得到证明。可能的原因是，财务业绩指标的质量建基于标准的准则或计量原则基础上，因此，实务工作者容易把握财务业绩指标的准确程度，进而酌量使用。然而，非财务指标，无论是内部非财务业绩指标还是外部非财务业绩指标，其测量时的准确性则难以把握，而且实务工作者在使用非财务指标时，对其质量的要求也往往比较低，而更重视其中的信息，特别是事关企业长期经营前景的信息，越是对长远经营前景的估计，非财务业绩指标越不精确，这可能导致测量并不准确的非财务指标却特别有用的情况发生，于是在统计中我们观测不到原本预期的结果。

假说 H4 – 3 预期各类业绩指标若是在测量质量上表现优良的话，则有利于其约束分权后的代理问题，因而，业绩指标质量与分权正相关。回归分析表明仅财务业绩指标得证，而内部非财务业绩指标和外部非财务业绩指标未得证。可能的原因是财务业绩指标的控制是事后控制，而非财务业绩指标的控制是事前控制，事后控制需要通过可信和准确的信息来提供可靠证据，以便于惩罚或解雇代理人，而对非财务指标则无须这么多刚性要求，只要可以提前预警即可，这种预警对质量的要求可能很低。

假说 H4 - 17 和假说 H4 - 19 未得到完全证明的原因可能是除却这些业绩指标，委托人和代理人还可能存在其他私下信息沟通渠道，如假说 H4 - 18 和假说 H4 - 19 所证明的关系，这种私下信息渠道使得业绩指标在治理代理人时变得没有那么重要，于是我们看不到假说原来预期的结果。

假说 H4 - 22 预期业绩指标质量与分权匹配能带来更好的业绩，但未能得证，可能的原因是，业绩指标质量并不是通过调节效应来影响分权与企业业绩的关系，它可能是通过中介效应来影响，本书将在结构方程模型估计中探讨这种可能性。

第二节　稳健性测试与结构方程模型

尽管在本章第一节至第七节的回归分析中，我们采用加强版普通最小二乘法对各个假说逐一进行了检验，但是，这种检验仍然存在不足，它一次只能处理一条因果链，而事实上，本书对于变量之间关联所做的预测前后可以勾连出数条因果链。图 7 - 1 对这些因果链条进行了描绘，其中，每一个箭头意味着一条因果关系，共有 10 条。很明显，这些因果关系在组织构建和运作时应当是同时成立的，而普通最小二乘估计无法同时处理这些因果链条。得益于结构方程技术，本书可以方便地对之进行统计处理。注意到图 7 - 1 中分权包括重大决策权力分权、资源调配权力分权和人事权力分权三个因子，而业绩指标职能按照业绩指标的属性和职能种类可以分为六种，这会产生复杂的组合。本书无意于面面俱到、漫无目的地探讨变量之间的关系，此处，本书只关注业绩指标的控制职能和总体分权。事实上，本书也进行了将权力分解后的结构方程估计，估计结果与使用总体分权估计的结论基本类似。

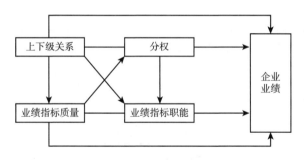

图 7 - 1　本书主要变量之间的因果链条

图 7 - 1 实际上反映了本书主要关注的变量之间重要的因果关系，本书首先关注财务业绩指标的结构方程估计，估计的结果列示于表 7 - 11 中，结构方程的统计结果以图表的形式列示，可以使读者很清晰地看到本书的主要结论。从表 7 - 11 的 Panel B 中可以看到各个变量之间的交互是如何影响最终业绩。很明显，无论是分权或是上下级关系都无法直接影响最终业绩，表现在结构方程估计上是分权或上下级关系与企业业绩的标准化路径系数估计均不显著。唯有在上下级关系紧密或财务业绩指标质量较好的条件下，并且建立了具有较好控制职能的财务业绩评价体系，分权才能带来良好的业绩。这是一个非常具有现实启示意义的结论，结构方程估计表明，依据上下级关系紧密与否进行授权（任人唯亲的一个典型表现），只要建立起配套的业绩评价机制，仍然可以带来良好的业绩。

表 7 - 11　　　　　　　　　　财务业绩指标与分权结构方程模型结果

Panel A：结构模型评估

拟合优度统计量	结构模型	可接受值
卡方自由度比	2.919	<3.0
RMSEA	0.076	<0.08
CAIC	3267.698	<饱和模型和独立模型
饱和模型的 CAIC	6743.03	
独立模型的 CAIC	9327.28	
PGFI	0.628	>0.5
PNFI	0.671	>0.5
CFI	0.788	>0.9

Panel B：结构模型结果

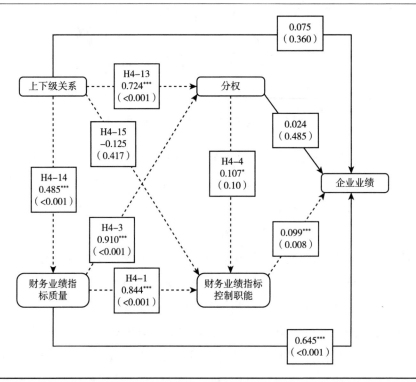

1. 各条路径旁依次列出了标准化路径系数及其 P 值（括号内）。
2. *、*** 分别表示在 0.10、0.01 水平上双尾检验显著。

表 7 - 12 与表 7 - 13 列示的是内部非财务业绩指标和外部非财务业绩指标的结构方程估计，估计结果与本书的回归分析是一致的。值得注意的是，与表 7 - 11 对财务业绩指标的结构方程估计结果相比，上下级关系与业绩之间的标准化路径系数变得显著。当然，由于企业同时采取财务业绩指标和非财务业绩指标进行控制，表 7 - 12 和表 7 - 13 的估计因为未控制财务业绩指标的相关变量，不能将其理解为上下级关系可以对最终业绩产生直接影响。本书未能在非财务指标的结构方程估计中找到影响最终业绩的路径，原因可能是由非财务业绩的职能到最终业绩之间还缺少一些过渡变量，后续的研究需要深入挖掘。

表 7 – 12 内部非财务业绩指标与分权结构方程模型结果

Panel A：结构模型评估

拟合优度统计量	结构模型	可接受值
卡方自由度比	2.698	<3.0
RMSEA	0.071	<0.08
CAIC	3749.107	<饱和模型和独立模型
饱和模型的 CAIC	8343.648	
独立模型的 CAIC	10920.015	
PGFI	0.629	>0.5
PNFI	0.679	>0.5
CFI	0.798	>0.9

Panel B：结构模型结果

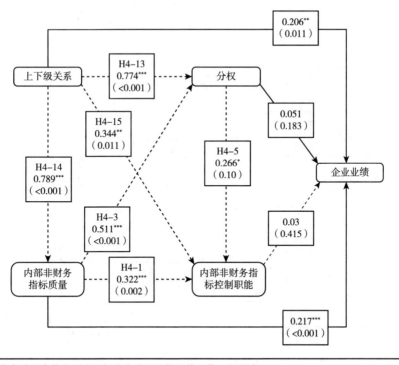

1. 各条路径旁依次列出了标准化路径系数及其 P 值（括号内）。

2. *、**、*** 分别表示在 0.10、0.05、0.01 水平上双尾检验显著。

表 7 – 13　　　　　　　外部非财务业绩指标与分权结构方程模型结果

Panel A：结构模型评估

拟合优度统计量	结构模型	可接受值
卡方自由度比	2.728	<3.0
RMSEA	0.072	<0.08
CAIC	3927.876	<饱和模型和独立模型
饱和模型的 CAIC	8684.205	
独立模型的 CAIC	11409.578	
PGFI	0.631	>0.5
PNFI	0.679	>0.5
CFI	0.795	>0.9

Panel B：结构模型结果

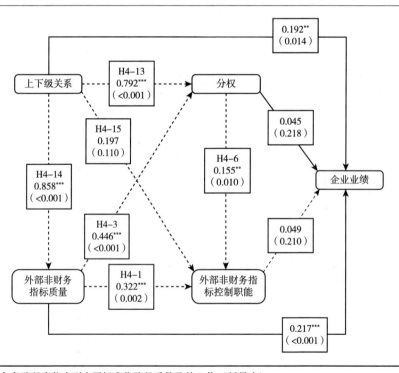

1. 各条路径旁依次列出了标准化路径系数及其 P 值（括号内）。
2. ** 、*** 分别表示在 0.05、0.01 水平上双尾检验显著。

　　虽然如此，关键变量之间的关联，即上下级关系、分权、业绩指标质量和业绩指标的控制职能的结构方程分析结果与回归分析的结果仍然是一致的，这表明即使考虑了这些变量的联动，本书的结论仍然是稳健的。除此之外，本书还将因子分析所得到的变量通过简单平均得分进行计量，而后进行相关的回归分析，而最终的统计结果并无明显的差异。

第八章

结　论

本章将对全书进行总结，主要由两部分组成：一是主要研究结论、创新和局限性；二是未来研究方向。

第一节　主要研究结论、创新和局限性

嵌套于特殊制度背景的管理会计研究，一直面临着两个主要问题：一是既然讲到特殊制度背景，总要对之进行抽象和量化，而相应的数据往往很难得到，尤其是在管理会计研究中普遍缺乏公开数据库的情况下；二是由于这样的研究建基于特殊的经济环境，最终得到的结论的普适性很自然地会受到读者的质疑。尽管困难重重，这样的尝试仍然是非常有意义的，它能为我们提供具有本土亲和力的科研范式，进而得到对于本土企业有指导意义的结论。

业绩评价一直以来都是管理会计研究中的热点，事实上，区分现代化的管理与传统管理的最直观标准就是一个企业对经营活动的量化程度，没有任何一个复杂的现代企业可以抛离业绩评价体系而正常运营。正因如此，国内外的诸多企业对于业绩评价革新的推进往往不遗余力，诸如经济增加值和平衡计分卡等业绩评价创新在企业内被广泛使用。然而，实践中，中国业绩评价创新失败的案例屡见不鲜（张川、杨玉龙和高苗苗，2012）。对于这种失败，本书归结于两个方面，一是组织内业绩评价、权力设置和激励设计是相互关联的三个支柱（Zimmerman，2011），而现实中，企业进行业绩评价革新时倾向于仅对业

绩评价系统进行变动，最多加上对于薪酬设计的微调，很少有企业对决策权力重置，这样的后果是组织的三大支柱业绩评价、权力设置和激励设计配置失调，反而不如业绩评价革新前三者相互匹配的情形；二是在借鉴西方的先进管理技术时，我们对自身的文化和现实的理解还不够透彻，我们的企业家都能够认识到与外国企业交往时迥异于与国内同行交往，但他们并不一定总是清楚这种差异的根源，因而他们并不明白看似落后的人事安排何以会在与国外同行的竞争中存续①。考虑到这些因素，本书同时将中国特色的差序格局、组织设计中的决策权力设置、业绩评价和激励设计等内容融汇于统一的研究框架，借助于问卷调研数据，本书得到了一些颇有意思的结论。

首先，抛开上下级关系这一变量，本书对组织设计中的分权和业绩评价进行了一些基础性的探讨，这些探讨的趣味性可能略低，但其却是本书赖以推进的前提。业绩指标的质量有助于强化其决策支持和决策控制两大职能的执行，进而促进其使用程度的加强。尽管这似乎是常识，但统计分析的结果仍然给予了我们一些有意义的启示：非财务业绩指标的质量在对其决策或控制职能的实现方面，没有财务业绩指标质量那么重要，使用者在使用非财务业绩指标时似乎对其测量质量的关注度不高。企业内的分权对于业绩指标的职能的确会产生影响，分权程度越高，则越需要强化财务业绩指标的控制职能和非财务业绩指标的决策职能，这对于实践中企业内的业绩评价设计具有鲜明的启示意义，即在企业变革业绩评价体系时应当考虑设计这一体系时的权力设置情况，从而对这一体系控制职能导向或决策职能导向进行定位。

其次，在考虑了上下级关系变量以后，本书探讨了上下级关系对于组织设计的分权、业绩评价和激励设计的影响。上下级关系越紧密，则上级对下级的分权也越多，这一结论非常符合现实中我们对于企业人事安排的观察，这说明一些中国企业也仍然存在着依据关系紧密程度配置权力的现象。上下级关系越紧密，则企业对于业绩指标的测量质量也就越高，这是一个令人略感意外的结论，因为本书原以为关系会扭曲业绩的测量，当然，本书从私下信息沟通的角度也给出了这一现象的理论解释。上下级关系对于业绩指标的职能的影响从理

---

① 诸如任人唯亲的现象倘若没有任何经济理性在里面，理应在竞争中淘汰掉。

论上来讲是无法作出清晰预测的，虽然如此，本书的统计结果发现，对于关系良好的下级，上级通常倾向于强化内部非财务业绩指标的控制职能，这似乎说明对于关系紧密者，上级通常使用内部非财务业绩指标进行事前控制，这既可能源于关系使得非财务指标的信息量增加，也可能源于关系扩张分权进而导致事前控制的必要加大。

再次，本书探讨了关系与业绩评价对于薪酬制定的影响，本书使用薪酬敏感性和薪酬黏性来考察这一问题。统计结果部分支持关系可以提升薪酬业绩敏感性、降低薪酬黏性，但业绩指标质量则对两者无显著影响。

最后，本书综合探讨了关系与分权、业绩评价与分权的匹配对最终业绩的影响。结果表明：关系与分权相匹配的确可以促进业绩，而业绩指标质量与分权的匹配则无显著影响。虽然如此，通过最后的结构方程模型，本书发现，无论是分权或是上下级关系都无法直接影响最终业绩，结构方程估计结果显示分权或上下级关系与企业业绩的标准化路径系数均不显著。唯有在上下级关系紧密或财务业绩指标质量较好的条件下，并且建立起具有较好控制职能的财务业绩评价体系时，分权才能带来良好的业绩。这是一个非常具有现实启示意义的结论，结构方程估计表明，依据上下级关系紧密与否进行授权（任人唯亲的一个典型表现），只要建立起配套的业绩评价机制，仍然可以带来良好的业绩。

目前国外已有较多关于业绩评价与分权的研究，国内也有少量关于业绩评价的实证研究，与这些研究相比，本书的主要创新之处在于：

第一，构建了一个同时涵括组织设计三大支柱即决策权力设置、业绩评价和激励设计的理论框架，并在这一框架中将业绩评价分解为业绩评价质量、业绩评价职能与使用程度三个维度，探讨了一个具有现实意义的问题，即企业的业绩评价究竟有哪些用途以及如何受到分权和业绩评价质量的影响。

第二，引入了一个颇具中国特色的变量即上下级关系紧密度，同时采用了直接量度和间接量度。通过这一变量，本书可以比较方便地探讨社会学中的人际交往对于管理会计实践的影响。

第三，这是一项横跨社会学与管理会计学的课题。本书力求在管理会计研究中注入现实背景，使之具备本土色彩。

总之，我们的研究通过提供一个系统性的框架帮助读者思考和分析中国企业的业绩评价体系，并对该框架进行了实证检验。本研究为中国企业更好地理解其经营的文化土壤迈出了一小步，也有助于企业在引进西方业绩评价技术时扬长避短，真正地增强自身竞争力。

然而，由于经验匮乏，本书至少在以下方面存在不同程度的局限。

一是内生性问题。多数经验研究的一个重要局限在于预测变量（或自变量）的内生性[①]。当结构模型中预测变量自身也是与随机误差相关的选择变量时，就产生了内生性问题，这种模型误设会导致不一致的参数估计，并使模型解释和假设检验出现问题。内生性问题的计量经济学解决办法是采用诸如基于工具变量的二阶段（two-stage）程序来产生与误差项无关的预测变量。遗憾的是，在管理会计研究中，由于许多组织选择都是相关的，所以很难找到合适的工具变量。因此，尽管已知内生性问题的"教科书解决方法"，在管理会计研究中，工具变量估计的实际应用仍存在问题。组织内的上下级关系、分权、业绩评价三者之间的因果关联并不明确。举例而言，尽管本书将关系视作分权的决定因素，但本书无法通过统计技术排除上级先向下级授权而后构建亲密关系[②]的情形。

二是分析层次（level of analysis）问题。本书所探讨问题适于一个利润中心水平，由熟知这一利润中心的管理人员填写最为相宜。然而，受访者任职有可能高于这一级别，比如总部管理人员。为此，本书在问卷中对于受访者的资质进行了严格限制，以求弱化这一问题的影响。

三是由于时间及渠道的限制，本书并未对典型企业业绩评价情况进行长期深入的实地研究（field study）。如果长时间地跟踪企业业绩评价的设计、执行以及人事变迁情况，本书将可以清楚地了解中国企业业绩评价的影响因素、具体操作方式、演变过程及其对组织成员和组织业绩的影响。

四是样本规模有待提高。尽管334家样本已远远超过统计上所要求的最低

---

① 有趣的是，管理会计实证研究的批评者似乎比其他实证会计研究领域（如资本市场研究）更关注内生性问题，然而，内生性问题对所有准实验性质的研究都是一个重要限制，而不仅是对管理会计研究如此。

② 实践中，拉关系相当普遍，典型的情况是我们常常听到的"一表三千里"。

限量，但样本规模越大，越能保证研究结果的稳定性。在后续研究中，本书仍将想方设法扩大样本容量，进一步增强研究的信服力。

第二节　未来研究方向

圄于篇幅，本书未能将企业战略、环境不确定性、组织内各个业务单位的相互依赖性以及上下级之间的信息分布等情境变量纳入本书的研究框架。这些情境因素对于组织内的权力设置、业绩评价与激励设计同样具有深刻的影响，尤其是在回归分析中，本书已经向读者展示了不同的企业战略对于组织分权和业绩指标职能导向的不同影响。未来的研究需要进一步考察这些情境因素对于组织设计的作用，而且，倘若可以构建出合适的理论框架，本书将进一步考察这些情境因素与上下级关系将会产生何种互动，这有助于读者对于中国企业业绩评价所依托的现实背景产生更加深刻的认识。

除此之外，基于已有的大样本实证结论，本书可以更有针对性地对中国企业业绩评价实践进行实地调研，在可预见的未来，由问卷研究转向实地调研或许能够给予我们对于中国业绩评价实践以新的洞察。

参考文献

［1］拜啸霖和曹兆红，"绩效考核信息失真问题探析及应对策略"，人力资源管理，2010，（3），19－21.

［2］陈华，"A集团绩效考核体系优化之路径探讨"，商场现代化，2008，（3），289.

［3］陈三艳和袁乐平，"基于博弈论的绩效考核中棘轮效应研究"，长江大学学报，2008，（5），84－86.

［4］樊纲，王小鲁和朱恒鹏，中国市场化指数——各地区市场化相对进程报告，北京：经济科学出版社，2010.

［5］方军雄，"我国上市公司高管的薪酬存在黏性吗？"，经济研究，2009，（3），110－124.

［6］费孝通，乡土中国，上海：上海世纪出版集团，上海人民出版社，2007.

［7］韩江波，"产权稀释，公共领域与租值消散理论分析框架构建——中国农地产权制度变迁解新"，现代财经，2012，（1），69－78.

［8］何宽，陈兴荣和王克良，"论干部回避制度"，管理世界，1989，（6），196－200.

［9］洪剑峭，"企业分权管理和管理控制"，经济研究，1998，（2），46－50.

［10］胡奕明，"非财务指标的选择——价值相关分析"，财经研究，2001，27（5），44－49.

［11］黄铁鹰，"都是绩效考核惹的祸"，中国企业家，2010，（5），136－138.

[12] 蒋神州，"泛家文化，差序格局与公司治理的合谋防范"，社会科学家，2010，（7），62 – 65.

[13] 蒋晓林，"YY 集团公司绩效考核体系的分析和思考"，才智，2010，（24），268.

[14] 金德田和秦庆育，"建立任'官'回避制度——破除'关系网'的重要措施"，领导科学，1986，（11），25 – 26.

[15] 科斯，诺思和威廉森等，制度，契约与组织：从新制度经济学角度的透视，北京：经济科学出版社，2003.

[16] 雷宇和杜兴强，"'差序格局'与会计信息——理论分析与中国近代的历史证据"，当代财经，2011，（7），122 – 128.

[17] 李崇岸，"从实际案例看绩效考核指标及其权重的选择"，新资本，2005，（2），60 – 63.

[18] 林坤，"郭广昌 & 梁信军：复'兴'同学经济"，新经济导刊，2009，（3），85.

[19] 林毅夫和刘培林，"自生能力和国企改革"，经济研究，2001，（9），60 – 70.

[20] 刘力和宋志毅，"衡量企业经营业绩的新方法——经济增加值（REVA）与修正的经济增加值（REVA）指标"，会计研究，1999，8（1），30 – 36.

[21] 吕菊芳，"管理沟通在绩效考核中的应用"，华中师范大学研究生学报，2010，17（4），129 – 131.

[22] 罗家德，"中国人的信任游戏"，商界：评论，2007，（2），79 – 82.

[23] 毛蕴诗，高瑞红和汪建成，"日本企业的生存危机与组织重构——日本松下电器打破事业部制重新设计权责利的组织结构"，中山大学学报：社会科学版，2004，43（6），104 – 111.

[24] 潘飞，陈世敏，文东华和王悦，"中国企业管理会计研究框架"，会计研究，2010，（10），47 – 54.

[25] 潘飞和张川，"市场竞争程度、评价指标与公司业绩"，中国会计评论，2008，6（3），321 – 338.

[26] 庞义成和房毅，"两位企业老总谈放权的滋味"，领导科学，2001，

（1），44 - 45.

［27］ 钱穆，中国历代政治得失，北京：九州出版社，2012.

［28］ 乔凤珠，"基于主成分分析法的中小型民营企业员工绩效考核研究——以 KY 轴承制造公司为例"，中国人力资源开发，2011，（3），44 - 48.

［29］ 乔均，祁晓荔和储俊松，"基于平衡计分卡模型的电信企业绩效评价研究——以中国网络通信集团江苏省公司为例"，中国工业经济，2008，（2），110 - 118.

［30］ 青平和钟涨宝，"民营企业中的差序格局：负面影响及对策"，经济问题探索，2003，（2），125 - 128.

［31］ 申林，"部门绩效考核方案设计——以机械行业某大型骨干企业为例"，中国人力资源开发，2005，（3），63 - 68.

［32］ 石建，"绩效考核不能带来高绩效的成因分析"，北京劳动保障职业学院学报，2011，（2），24 - 26.

［33］ 孙铮和吴茜，"经济增加值：盛誉下的思索"，会计研究，2003，（3），8 - 14.

［34］ 童志锋，"信任的差序格局：对乡村社会人际信任的一种解释——基于特殊主义与普遍主义信任的实证分析"，甘肃理论学刊，2006，（3），59 - 63.

［35］ 王斌和高晨，"组织设计，管理控制系统与财权制度安排"，会计研究，2003，（3），15 - 22.

［36］ 王斌贤和马小强，"绩效考核：有多少误区可以避免？"，人才资源开发，2007，（8），50 - 51.

［37］ 王化成，程小可和佟岩，"经济增加值的价值相关性——与盈余，现金流量，剩余收益指标的对比"，会计研究，2004，（5），75 - 81.

［38］ 王化成和刘俊勇，"企业业绩评价模式研究"，管理世界，2004，（4），82 - 91.

［39］ 王克敏和姬美光，"基于财务与非财务指标的亏损公司财务预警研究——以公司 ST 为例"，财经研究，2006，32（7），63 - 72.

［40］ 王少飞，李增泉和朱其芬，"政商关系、家族继承与企业绩效——

基于山西海鑫钢铁集团的案例分析"，中国会计与财务研究，2011，（3），46 - 84.

[41] 王玉，李刚，王启军，杨钢，周宝印和陈江，"如何让绩效考核发挥作用"，销售与市场，2010，（12），20 - 23.

[42] 向志虹，"从'好孩子'高管索薪事件谈民企职业经理人绩效考核"，经济论坛，2009，（11），102 - 104.

[43] 辛清泉，林斌和王彦超，"政府控制，经理薪酬与资本投资"，经济研究，2007，（8），110 - 122.

[44] 颜志江，"沟通是绩效管理的灵魂"，管理观察，2011，（6），1 - 1.

[45] 张川，杨玉龙和高苗苗，"中国企业非财务绩效考核的实践问题和研究挑战"，会计研究，2012，（12），55 - 60.

[46] 张川和潘飞，"国内外综合业绩评价体系的研究评述"，当代财经，2008，（4），120 - 123.

[47] 张川和潘飞，"业绩评价指标在我国企业中的采用现状与启示"，经济与管理研究，2007，（12），22 - 27.

[48] 张军和王祺，"权威，企业绩效与国有企业改革"，中国社会科学，1998，（5），106 - 207.

[49] 张丽，"浅析神东绩效考核运行实践"，陕西煤炭，2012，31（1），118 - 119.

[50] 张五常，中国的经济制度，北京：中信出版社，2009.

[51] 张兆国和陈天骥，"平衡计分卡：一种革命性的企业经营业绩评价方法"，中国软科学，2002，（5），109 - 111.

[52] 郑伯埙，"差序格局与华人组织行为"，本土心理学研究，1995，（3），142 - 219.

[53] 钟孟光，"绩效考核成中层负担"，管理@人，2006，（8），68 - 69.

[54] 周惠钦，李艳，李吟芬和程鸣，"基层央行绩效考核机制探讨——基于个人绩效与组织绩效互动关系的视角"，福建金融，2011，（3），46 - 49.

[55] 周建国，"关系强度，关系信任还是关系认同——关于中国人人际交往的一种解释"，社会科学研究，2010，（1），97 - 102.

［56］周学军和易蓉，"对 A 公司绩效考核失灵的诊断分析"，中国人才，2008，（2），78 – 79.

［57］Abdel-Maksouda, D. Dugdaleb and R. Luther, "Non-financial performance measurement in manufacturing companies", The British Accounting Review 2005, 37 (3), 261 – 297.

［58］Abernethy, M. A. , J. Bouwens and L. Van Lent, "Determinants of control system design in divisionalized firms", The Accounting Review, 2004, 79 (3), 545 – 570.

［59］Abernethy, M. A. and A. M. Lillis, "The impact of manufacturing flexibility on management control system design", Accounting, Organizations and Society, 1995, 20 (4), 241 – 258.

［60］Abernethy, M. A. and E. Vagnoni, "Power, organization design and managerial behaviour", Accounting, Organizations and Society, 2004, 29 (3 – 4), 207 – 225.

［61］Agrawal, A. and C. R. Knoeber, "Do some outside directors play a political role", Journal of Law and Economics, 2001, 44 (1): 179 – 198.

［62］Alchian, A. A. , "Specificity, specialization, and coalitions", Journal of Institutional and Theoretical Economics, 1984, 140 (1), 34 – 49.

［63］Alchian, A. A. and H. Demsetz, "Production, information costs, and economic organization", The American Economic Review, 1972, 62 (5), 777 – 795.

［64］Anderson, E. W. and M. W. Sullivan, "The antecedents and consequences of customer satisfaction for firms", Marketing Science, 1993, 12 (2), 125 – 143.

［65］Armesh, H. , H. Salarzehi and B. Kord, "Management control system", Interdisciplinary Journal of Contemporary Research in Business, 2010, 2 (6), 193 – 206.

［66］Atkinson, A. , "Strategic performance measurement and incentive compensation", European Management Journal, 1998, 16 (5), 552 – 561.

［67］Baiman, S. and J. S. Demski, "Economically optimal performance evaluation and control systems", Journal of Accounting Research, 1980, 18 (6), 184 – 220.

[68] Baiman, S. and T. Baldenius, "Nonfinancial performance measures as coordination devices", The Accounting Review, 2009, 84 (2), 299 – 330.

[69] Banker, R. D., G. Potter and R. Schroeder, "Reporting manufacturing performance measures to workers: an empirical study", Journal of Management Accounting Research, 1993, 5 (1), 33 – 55.

[70] Banker, R. D., H. Chang and M. J. Pizzini, "The balanced scorecard: Judgmental effects of performance measures linked to strategy", The Accounting Review, 2004, 79 (1), 1 – 23.

[71] Banker, R. D., P. Gordon and D. Srinivasan, "An empirical investigation of an incentive plan that includes nonfinancial performance measures", The Accounting Review, 2000, 75 (1), 65 – 92.

[72] Banker, R. D. and S. M. Datar, "Sensitivity, precision, and linear aggregation of signals for performance evaluation", Journal of Accounting Research, 1989, 27 (1), 21 – 39.

[73] Barney, J., "Firm resources and sustained competitive advantage", Journal of Management, 1991, 17 (1), 99 – 120.

[74] Barzel, Y., Economic analysis of property rights, Cambridge: Cambridge University Press, 1997.

[75] Biddle, G. C., R. M. Bowen and J. S. Wallace, "Does EVA (R) beat earnings? Evidence on associations with stock returns and firm values", Journal of Accounting and Economics, 1997, 24 (3), 301 – 336.

[76] Bonner, S. E., R. Hastie, G. B. Sprinkle and S. M. Young, "A review of the effects of financial incentives on performance in laboratory tasks: Implications for management accounting", Journal of Management Accounting Research, 2000, 12 (1), 19 – 64.

[77] Bonner, S. E. and G. B. Sprinkle, "The effects of monetary incentives on effort and task performance: Theories, evidence, and a framework for research",

Accounting, Organizations and Society, 2002, 27 (4 – 5), 303 – 345.

［78］ Bouwens, J. and L. Van Lent, "Assessing the performance of business unit managers", Journal of Accounting Research, 2007, 45 (4), 667 – 697.

［79］ Bouwens, J. and L. Van Lent, "Performance measure properties and the effect of incentive contracts", Journal of Management Accounting Research, 2006, 18 (1), 55 – 75.

［80］ Brazel, J. F. , K. L. Jones and M. F. Zimbelman, "Using nonfinancial measures to assess fraud risk", Journal of Accounting Research, 2009, 47 (5), 1135 – 1166.

［81］ Bruns, W. J. and J. H. Waterhouse, "Budgetary control and organization structure", Journal of Accounting Research, 1975, 13 (2), 177 – 203.

［82］ Bushman, R. M. , R. J. Indjejikian and A. Smith, "Aggregate performance measures in business unit manager compensation: The role of intrafirm interdependencies", Journal of Accounting Research, 1995, 33 (Supplement), 101 – 128.

［83］ Chalos, P. and N. G. O'Connor, "Determinants of the use of various control mechanisms in US-Chinese joint ventures", Accounting, Organizations and Society, 2004, 29 (7), 591 – 608.

［84］ Chapman, C. S. , "Reflections on a contingent view of accounting", Accounting, Organizations and Society, 1997, 22 (2), 189 – 205.

［85］ Chen, X. P. and S. Peng, "Guanxi dynamics: Shifts in the closeness of ties between Chinese coworkers", Management and Organization Review, 2008, 4 (1), 63 – 80.

［86］ Chenhall, R. H. , "Integrative strategic performance measurement systems, strategic alignment of manufacturing, learning and strategic outcomes: an exploratory study", Accounting, Organizations and Society, 2005, 30 (5), 395 – 422.

［87］ Chenhall, R. H. , "Management control systems design within its organizational context: findings from contingency-based research and directions for the future", Accounting, Organizations and Society, 2003, 28 (2-3), 127-168.

[88] Chenhall, R. H. and K. Langfield-Smith, "The relationship between strategic priorities, management techniques and management accounting: an empirical investigation using a systems approacha", Accounting, Organizations and Society, 1998, 23 (3), 243-264.

[89] Chong, V. K. and I. R. C. Eggleton, "The decision-facilitating role of management accounting systems on managerial performance: the influence of locus of control and task uncertainty", Advances in Accounting, 2003, 20 (2), 165-197.

[90] Chow, C. and W. Van der Stede, "The use and usefulness of non-financial performance measures", Management Accounting Quarterly, 2006, 7 (3), 1-8.

[91] Daniel, S. J. and W. D. Reitsperger, "Linking quality strategy with management control systems: Empirical evidence from Japanese industry", Accounting, Organizations and Society, 1991, 16 (7), 601-618.

[92] Datar, S., S. C. Kulp and R. A. Lambert, "Balancing performance measures", Journal of Accounting Research, 2001, 39 (1), 75-92.

[93] Davis, S. and T. Albright, "An investigation of the effect of balanced scorecard implementation on financial performance", Management Accounting Research, 2004, 15 (2), 135-153.

[94] De Alessi, L., "Property rights, transaction costs, and X-efficiency: an essay in economic theory", The American Economic Review, 1983, 73 (1), 64-81.

[95] De Geuser, F., S. Mooraj and D. Oyon, "Does the balanced scorecard add value? Empirical evidence on its effect on performance", European Accounting Review, 2009, 18 (1), 93-122.

[96] Deloitte 2009. In the dark II: What many boards and executives still don't know about the health of their businesses. New York: NY: Deloitte Touche Tomatsu.

[97] Demski, J. S. and G. A. Feltham, Cost determination: A conceptual approach: Iowa State University Press, Ames, 1976.

[98] Dent, J. F. , "Tensions in the design of formal control systems: a field study in acomputer company", Accounting and management: field study perspectives, Boston: Harvard Business School Press, 1987.

[99] Dilla, W. N. and P. J. Steinbart, "Relative weighting of common and unique balanced scorecard measures by knowledgeable decision makers", Behavioral Research in Accounting, 2005, 17 (1), 43 –53.

[100] Ezzamel, M. , "The impact of environmental uncertainty, managerial autonomy andsize on budget characteristics", Management Accounting Research, 1990, 1 (3), 181 –197.

[101] Faccio, M. , "The characteristics of politically connected firms", Manuscript. Vanderbilt University, 2006.

[102] Fan, J. P. H. , J. Huang, R. Morck and B. Yeung 2009. Vertical integration, institutional determinants and impact: Evidence from China. Cambridge: National Bureau of Economic Research.

[103] Fan, J. P. H. , T. J. Wong and T. Zhang, "Politically connected CEOs, corporate governance, and Post-IPO performance of China's newly partially privatized firms", Journal of Financial Economics, 2007, 84 (2), 330 –357.

[104] Feltham, G. A. and J. Xie, "Performance measure congruity and diversity in multitask principal/agent relations", The Accounting Review, 1994, 69 (3), 429 –453.

[105] Fisman, R. , "Estimating the value of political connections", American Economic Review, 2001, 91 (4), 1095 –1102.

[106] Fornell, C. , "A national customer satisfaction barometer: the Swedish experience", The Journal of Marketing, 1992, 56 (1), 6 –21.

[107] Fulk, J. , A. P. Brief and S. H. Barr, "Trust-in-supervisor and perceived fairness and accuracy of performance evaluations", Journal of Business Research, 1985, 13 (4), 301 –313.

[108] Furubotn, E. G. and S. Pejovich, "Property rights and economic theory: a survey of recent literature", Journal of economic literature, 1972, 10 (4), 1137 – 1162.

[109] Gibbs, M., K. A. Merchant, W. A. Van der Stede and M. E. Vargus, "Determinants and effects of subjectivity in incentives", The Accounting Review, 2004, 79 (2), 409 – 436.

[110] Gomez, M. I., E. W. McLaughlin and D. R. Wittink, "Customer satisfaction and retail sales performance: an empirical investigation", Journal of Retailing, 2004, 80 (4), 265 – 278.

[111] Govindarajan, V., "Appropriateness of accounting data in performance evaluation: An empirical examination of environmental uncertainty as an intervening variable", Accounting, Organizations and Society, 1984, 9 (2), 125 – 135.

[112] Grafton, J., A. M. Lillis and S. K. Widener, "The role of performance measurement and evaluation in building organizational capabilities and performance", Accounting, Organizations and Society, 2010, 35 (7), 689 – 706.

[113] Halford, G. S., R. Baker, J. E. McCredden and J. D. Bain, "How many variables can humans process?", Psychological Science, 2005, 16 (1), 70 – 76.

[114] Hartmann, F. G. H., "The appropriateness of RAPM: toward the further development of theory", Accounting, Organizations and Society, 2000, 25 (4 – 5), 451 – 482.

[115] Hassan, R. H., A. A. Said and B. Wier, "The retention of nonfinancial performance measures in compensation contracts", Journal of Management Accounting Research, 2005, 17 (1), 23 – 42.

[116] Hayek, F. A., "The use of knowledge in society", The American Economic Review, 1945, 35 (4), 519 – 530.

[117] Hennig, T. and A. Klee, "The impact of customer satisfaction and relationship quality on customer retention: A critical reassessment and model development", Psychology and Marketing, 1997, 14 (8), 737 – 764.

[118] Henri, J. F., "Management control systems and strategy: a resource-based perspective", Accounting, Organizations and Society, 2006a, 31 (6), 529 – 558.

[119] Henri, J. F., "Organizational culture and performance measurement systems", Accounting, Organizations and Society, 2006b, 31 (1), 77 – 103.

[120] Holmstrom, B., "Moral hazard and observability", The Bell Journal of Economics, 1979, 10 (1), 74 – 91.

[121] Holmström, B. and L. M. Weiss, Managerial Incentives, Investment, and Aggregate Implication: Institute for Mathematical Studies in the Social Sciences, Stanford University, 1983.

[122] Holstrom, B., "Moral hazard and observability", Bell Journal of Economics, 1979, 10 (1), 74 – 91.

[123] Hoque, Z., L. Mia and M. Alam, "Market competition, computer-aided manufacturing and use of multiple performance measures: an empirical study", British Accounting Review, 2001, 33 (1), 23 – 46.

[124] Hoque, Z. and W. James, "Linking balanced scorecard measures to size and market factors: impact on organizational performance", Journal of Management Accounting Research, 2000, 12 (3), 1 – 18.

[125] Horngren, Datar and Foster, Cost accounting: a managerial emphasis, NY: Prentice Hall, 2003.

[126] Hyvönen, J., "Strategy, performance measurement techniques and information technology of the firm and their links to organizational performance", Management Accounting Research, 2007, 18 (3), 343 – 366.

[127] IMA 1996. Are Corporate American's Financial Measuerments Outdated. Montvale, NJ: Institute of Management Accountants.

[128] Indjejikian, R., "Commentary: Performance Evaluation and Compensation Research: An Agency Perspective", Accounting Horizons, 1999, 13 (2), 147 – 157.

[129] Indjejikian, R. and D. Nanda, "Dynamic incentives and responsibility

accounting", Journal of Accounting and Economics, 1999, 27 (2), 177 – 201.

[130] Ittner, C. D., D. F. Larcker and M. W. Meyer, "Subjectivity and the weighting of performance measures: Evidence from a balanced scorecard", The Accounting Review, 2003, 78 (3), 725 – 758.

[131] Ittner, C. D., D. F. Larcker and T. Randall, "Performance implications of strategic performance measurement in financial services firms", Accounting, Organizations and Society, 2003, 28 (7 – 8), 715 – 741.

[132] Ittner, C. D., R. A. Lambert and D. F. Larcker, "The structure and performance consequences of equity grants to employees of new economy firms", Journal of Accounting and Economics, 2003, 34 (1 – 3), 89 – 127.

[133] Ittner, C. D. and D. F. Larcker, "Are nonfinancial measures leading indicators of financial performance? An analysis of customer satisfaction", Journal of Accounting Research, 1998a, 36 (1), 1 – 35.

[134] Ittner, C. D. and D. F. Larcker, "Assessing empirical research in managerial accounting: a value-based management perspective", Journal of Accounting and Economics, 2001, 32 (1 – 3), 349 – 410.

[135] Ittner, C. D. and D. F. Larcker, "Extending the boundaries: nonfinancial performance measures", Handbooks of Management Accounting Research, 2008, 3, 1235 – 1251.

[136] Ittner, C. D. and D. F. Larcker, "Innovations in performance measurement: Trends and research implications", Journal of Management Accounting Research, 1998, 10 (2), 205 – 238.

[137] Jensen, M. and W. Meckling, "Specific and general knowledge and organizational structure", Journal of Applied Corporate Finance, 1995, 8 (2), 4 – 18.

[138] Jensen, M. C., "The modern industrial revolution, exit, and the failure of internal control systems", Journal of Applied Corporate Finance, 2010, 22 (1), 43 – 58.

[139] Jensen, M. C., "Value maximization, stakeholder theory, and the

corporate objective function", Business Ethics Quarterly, 2002, 235 – 256.

[140] Jensen, M. C. and K. J. Murphy, "Performance pay and top-management incentives", Journal of Political Economy, 1990, 98 (2), 225 – 264.

[141] Jensen, M. C. and W. H. Meckling 1992. Specific and General Knowledge, and Organizational Structure. Contract Economics. L. Werin and H. Wijkander: Blackwell, Oxford: 251 – 274.

[142] Jensen, M. C. and W. H. Meckling, "Theory of the firm: Managerial behavior, agency costs and ownership structure", Journal of Financial Economics, 1976, 3 (4), 305 – 360.

[143] Johnson, H. T. and R. S. Kaplan, Relevance lost: the rise and fall of management accounting, Boston: Harvard Business School Press, 1987.

[144] Kaplan, R. S. , D. P. Norton, R. Dorf and M. Raitanen, The balanced scorecard: translating strategy into action, Boston: Harvard Business School Press, 1996.

[145] Kaplan, R. S. , Measures for manufacturing excellence, Boston: Harvard Business School Press, 1990.

[146] Kaplan, R. S. and A. A. Atkinson 1998. Advanced Management Accounting, Prentice-Hill International, Inc.

[147] Kaplan, R. S. and D. P. Norton, "Measuring the strategic readiness of intangible assets", Harvard Business Review, 2004, 82 (2), 52 – 63.

[148] Kaplan, R. S. and D. P. Norton, "The balanced scorecard: measures that drive performance", Harvard Business Review, 2005, 83 (7), 172 – 180.

[149] Kaplan, R. S. and D. P. Norton, "Transforming the balanced scorecard from performance measurement to strategic management: Part II", Accounting Horizons, 2001b, 15 (2), 147 – 160.

[150] Kaplan, R. S. and D. P. Norton, "Transforming the balanced scorecard from performance measurement to strategic management: Part I", Accounting Horizons, 2001a, 15 (1), 87 – 104.

[151] Keating, S. , "Determinants of divisional performance evaluation prac-

tices", Journal of Accounting and Economics, 1997, 24 (3), 243 –273.

[152] Khwaja, A. I. and A. Mian, "Do lenders favor politically connected firms? Rent provision in an emerging financial market", The Quarterly Journal of Economics, 2005, 120 (4), 1371 – 1411.

[153] Koller, T., M. Goedhart and D. Wessels, Valuation: measuring and managing the value of companies, New York: John Wiley & Sons, 2010.

[154] Korsgaard, M. A. and L. Roberson, "Procedural justice in performance evaluation: The role of instrumental and non-instrumental voice in performance appraisal discussions", Journal of Management, 1995, 21 (4), 657 –669.

[155] Lambert, R. A., "Contracting theory and accounting", Journal of Accounting and Economics, 2001, 32 (1 –3), 3 –87.

[156] Law, K. S., C. S. Wong, D. Wang and L. Wang, "Effect of supervisor-subordinate guanxi on supervisory decisions in China: an empirical investigation", International Journal of Human Resource Management, 2000, 11 (4), 751 – 765.

[157] Li, H., L. Meng, Q. Wang and L. A. Zhou, "Political connections, financing and firm performance: Evidence from Chinese private firms", Journal of Development Economics, 2008, 87 (2), 283 –299.

[158] Libby, T., S. E. Salterio and A. Webb, "The balanced scorecard: The effects of assurance and process accountability on managerial judgment", The Accounting Review, 2004, 79 (4), 1075 – 1094.

[159] Libby, T. and J. H. Waterhouse, "Predicting change in management accounting systems", Journal of Management Accounting Research, 1996, 8 (1), 137 – 150.

[160] Lillis, A. and P. M. G. Van Veen-Dirks, "Performance measurement system design in joint strategy settings", Journal of Management Accounting Research, 2008, 20 (1), 25 –57.

[161] Lingle, J. H. and W. A. Schiemann, "From balanced scorecard to strategic gauges: is measurement worth it?", Management Review, 1996, 85 (3),

56 – 61.

[162] Luft, J. , "Nonfinancial information and accounting: A reconsideration of benefits and challenges", Accounting Horizons, 2009, 23 (3), 307 – 325.

[163] Macneil, I. R. , "Contracts: adjustment of long-term economic relations under classical, neoclassical, and relational contract law", Northwestern University Law Review, 1977, 72 (6), 854 – 905.

[164] Maritan, C. A. , "Capital investment as investing in organizational capabilities: An empirically grounded process model", Academy of Management Journal, 2001, 44 (3), 513 – 531.

[165] Mayer, R. C. and J. H. Davis, "The effect of the performance appraisal system on trust for management: A field quasi-experiment", Journal of Applied Psychology, 1999, 84 (1), 123 – 136.

[166] Memili, E. , J. J. Chrisman and J. H. Chua, "Transaction costs and outsourcing decisions in small-and medium-sized family firms", Family Business Review, 2011, 24 (1), 47 – 61.

[167] Merchant, K. A. , Rewarding results: Motivating profit center managers, Boston: Harvard Business School Press, 1989.

[168] Merchant, K. A. , "Influences on departmental budgeting: an empirical examination of a contingency model", Accounting, Organizations and Society, 1984, 9 (3 – 4), 291 – 307.

[169] Merchant, K. A. , "The effects of financial controls on data manipulation and management Myopia", Accounting, Organizations and Society, 1990, 15 (4), 297 – 313.

[170] Merchant, K. A. and M. D. Shields, "When and why to measure costs less accurately to improve decision making", Accounting Horizons, 1993, 7 (2), 76.

[171] Mia, L. and B. Clarke, "Market competition, management accounting systems and business unit performance", Management Accounting Research, 1999, 10 (2), 137 – 158.

[172] Milgrom, P. R. and J. Roberts, Economics, organization and management, NJ: Prentice-hall Englewood Cliffs, 1992.

[173] Miller, G. A., "The magical number seven, plus or minus two: some limits on our capacity for processing information", Psychological Review, 1956, 63 (2), 81.

[174] Millington, A., M. Eberhardt and B. Wilkinson, "gift giving, guanxi and illicit payments in buyer˜CSupplier relations in china: analysing the experience of UK companies", Journal of Business Ethics, 2005, 57 (3), 255 – 268.

[175] Moers, F., "Performance measure properties and delegation", The Accounting Review, 2006, 81 (4), 897.

[176] Nanni, A., J. R. Dixon and T. E. Vollmann, "Integrated performance measurement: management accounting to support the new manufacturing realities", Journal of Management Accounting Research, 1992, 4 (1), 1 – 19.

[177] Narayanan, V. and A. Davila, "Using delegation and control systems to mitigate the trade-off between the performance-evaluation and belief-revision uses of accounting signals", Journal of Accounting and Economics, 1998, 25 (3), 255 – 282.

[178] Neubauer, F. F. and A. G. Lank, The family business: Its governance for sustainability: Routledge, 1998.

[179] Neumann, B. R., M. L. Roberts and E. Cauvin, "Stakeholder value disclosures: anchoring on primacy and importance of financial and nonfinancial performance measures", Review of Managerial Science, 2011, 5, 195 – 212.

[180] Otley, D., "Performance management: a framework for management control systems research", Management Accounting Research, 1999, 10 (4), 363 – 382.

[181] Otley, D. T., "The contingency theory of management accounting: Achievement and prognosis", Accounting, Organizations and Society, 1980, 5 (4), 413 – 428.

[182] Ouchi, W. G., "Markets, bureaucracies, and clans", Administra-

tive Science Quarterly, 1980, 25, 129 – 141.

[183] O'Connor, N. G. , C. W. Chow and A. Wu, "The adoption of 'Western' management accounting/controls in China's state-owned enterprises during economic transition", Accounting, Organizations and Society, 2004, 29 (3 – 4), 349 – 375.

[184] Pamuk, A. , "Informal institutional arrangements in credit, land markets and infrastructure delivery in Trinidad", International Journal of Urban and Regional Research, 2000, 24 (2), 379 – 496.

[185] Park, S. H. and Y. Luo, "Guanxi and organizational dynamics: organizational net-working in Chinese firms", Strategic Management Journal, 2001, 22 (5), 455 – 477.

[186] Pollak, R. A. , "A transaction cost approach to families and households", Journal of Economic Literature, 1985, 23 (2), 581 – 608.

[187] Poppo, L. and T. Zenger, "Do formal contracts and relational governance function as substitutes or complements?", Strategic Management Journal, 2002, 23 (8), 707 – 725.

[188] Prendergast, C. , "The provision of incentives in firms", Journal of Economic Literature, 1999, 37 (1), 7 – 63.

[189] Prendergast, C. , "the tenuous tradeoff between incentives and risk", Journal of Political Economy, 2002, 110 (5), 1071 – 1102.

[190] Ramasamy, B. , K. Goh and M. C. H. Yeung, "Is Guanxi (relationship) a bridge to knowledge transfer?", Journal of Business Research, 2006, 59 (1), 130 – 139.

[191] Richardson, P. R. and J. R. M. Gordon, "Measuring total manufacturing performance", Sloan Manage. Rev. ; (United States), 1980, 21 (2), 47 – 58.

[192] Ross, A. , "Trust as a moderator of the effect of performance evaluation style on job-related tension: a research note", Accounting, Organizations and Society, 1994, 19 (7), 629 – 635.

［193］Scholer, A. A., X. Zou, K. Fujita, S. J. Stroessner and E. T. Higgins, "When risk seeking becomes a motivational necessity", Journal of Personality and Social Psychology, 2010, 99 (2), 215 –231.

［194］Scott, T. W. and P. Tiessen, "Performance measurement and managerial teams", Accounting, Organizations and Society, 1999, 24 (3), 263 –285.

［195］Simon, H. A., C. I. o. T. G. S. o. I. Administration and C. I. o. America, Centralization vs. decentralization in organizing the controller's department: A research study and report: Scholars Book Co., 1954.

［196］Solomons, D., Divisional performance: measurement and control: Markus Wiener Pub, 1985.

［197］Sprinkle, G. B., "Perspectives on experimental research in managerial accounting", Accounting, Organizations and Society, 2003, 28 (2 –3), 287 –318.

［198］Stalk, G., P. Evans and L. Shulman, "Competing on capabilities: The new rules of corporate strategy", Harvard Business Review, 1992, March/April, 57 –69.

［199］Standifird, S. S. and R. S. Marshall, "The transaction cost advantage of guanxi-based business practices", Journal of World Business, 2000, 35 (1), 21 –42.

［200］Stern, J. M., G. B. Stewart and D. Chew, "The EVA financial management system", Journal of Applied Corporate Finance, 1995, 8 (2), 32 –46.

［201］Suh, K. S., "Impact of communication medium on task performance and satisfaction: an examination of media-richness theory", Information & Management, 1999, 35 (5), 295 –312.

［202］Sunder, S., Theory of accounting and control: South-Western College Publishing, Cincinnati, Ohio, 1997.

［203］Teece, D. J., G. Pisano and A. Shuen, "Dynamic capabilities and strategic management", Strategic Management Journal, 1997, 18 (7), 509 –533.

[204] Van Veen-Dirks, P. , "Different uses of performance measures: The evaluation versus reward of production managers", Accounting, Organizations and Society, 2010, 35 (2), 141 – 164.

[205] Wang, H. , "Informal institutions and foreign investment in China", The Pacific Review, 2000, 13 (4), 525 – 556.

[206] White, L. , "The use of performance measures and their outcomes", Journal of American Academy of Business, Cambridge, 2008, 13 (1), 133 – 137.

[207] Whyte, M. K. , "The Chinese family and economic development: Obstacle or engine?", Economic Development and Cultural Change, 1996, 45 (1), 1 – 30.

[208] Widener, S. K. , "An empirical analysis of the levers of control framework", Accounting, Organizations and Society, 2007, 32 (7 – 8), 757 – 788.

[209] Williamson, O. , "Transaction cost economics", Handbook of new institutional economics, 2005, 41 – 65.

[210] Williamson, O. E. , "Markets and hierarchies: some elementary considerations", The American Economic Review, 1973, 63 (2), 316 – 325.

[211] Williamson, O. E. , "Transaction-cost economics: the governance of contractual relations", Journal of Law and Economics, 1979, 22 (2), 233 – 261.

[212] Wruck, K. H. and M. C. Jensen, "Science, specific knowledge, and total quality management", Journal of Accounting and Economics, 1994, 18 (3), 247 – 287.

[213] Xin, K. R. and J. L. Pearce, "Guanxi: Connections as substitutes for formal institutional support", Academy of Management Journal, 1996, 39 (6), 1641 – 1658.

[214] Yen, D. A. , B. R. Barnes and C. L. Wang, "The measurement of guanxi: Introducing the GRX scale", Industrial Marketing Management, 2011, 40 (1), 97 – 108.

[215] Yeung, I. Y. M. and R. L. Tung, "Achieving business success in Con-

fucian societies: The importance of Guanxi (Connections)", Organizational Dynamics, 1996, 25, 54 – 65.

[216] Yeung, M. C. H. and C. T. Ennew, "From customer satisfaction to profitability", Journal of Strategic Marketing, 2001, 8 (4), 313 – 326.

[217] Zhang, X. and G. Li, "Does guanxi matter to nonfarm employment?", Journal of Comparative Economics, 2003, 31 (2), 315 – 331.

[218] Zimmerman, J. L., Accounting for decision making and control, New York: McGraw-Hill Irwin, 1995.

[219] Zimmerman, J. L., Accounting for decision making and control, New York: McGraw-Hill Irwin, 2011.

[220] Zimmerman, J. L., "Conjectures regarding empirical managerial accounting research", Journal of Accounting and Economics, 2001, 32 (1 – 3), 411 – 427.

[221] Zimmerman, J. L., "The costs and benefits of cost allocations", The Accounting Review, 1979, 54 (3), 504 – 521.

附　　录

第一部分　竞争战略与经营环境

一、竞争战略

请根据具体情况，客观判断各项经营策略对于贵企业在竞争中取胜的重要性与下列陈述吻合的程度（答案分为 7 个等级，1 = 完全不吻合，4 = 中等吻合，7 = 完全吻合）。

1. 开发新技术对本企业在竞争中取胜非常重要	1　2　3　4　5　6　7
2. 取得供应商的低价支持对本企业在竞争中取胜非常重要	1　2　3　4　5　6　7
3. 降低成本对本企业在竞争中取胜非常重要	1　2　3　4　5　6　7
4. 精简行政机构对本企业在竞争中取胜非常重要	1　2　3　4　5　6　7
5. 迅速扩大产能对本企业在竞争中取胜非常重要	1　2　3　4　5　6　7
6. 提高生产（或服务）效率对本企业在竞争中取胜非常重要	1　2　3　4　5　6　7
7. 提供高质量的产品（或服务）对本企业竞争获胜非常重要	1　2　3　4　5　6　7
8. 提供难以模仿的产品（或服务）对本企业竞争获胜非常重要	1　2　3　4　5　6　7
9. 提供多样化的产品（或服务）对本企业竞争获胜非常重要	1　2　3　4　5　6　7
10. 按消费者个性定制产品或服务对于本企业竞争获胜非常重要	1　2　3　4　5　6　7
11. 迅速更新产品（或服务）对本企业在竞争中取胜非常重要	1　2　3　4　5　6　7
12. 低价销售产品（或服务）对本企业在竞争中取胜非常重要	1　2　3　4　5　6　7
13. 积极扩大市场份额对本企业在竞争中取胜非常重要	1　2　3　4　5　6　7
14. 大量的广告投入对本企业在竞争中取胜非常重要	1　2　3　4　5　6　7
15. 建立广泛的销售渠道对本企业在竞争中取胜非常重要	1　2　3　4　5　6　7
16. 提供优质的售后服务对本企业在竞争中取胜非常重要	1　2　3　4　5　6　7

二、环境不确定性

请根据具体情况，客观判断企业所处环境与下列陈述吻合的程度（答案分为 7 个等级，1 = 完全不吻合，4 = 中等吻合，7 = 完全吻合）。

1. 客户或消费者需求与偏好的变化可以很容易地进行预测	1 2 3 4 5 6 7
2. 同行竞争者的竞争战略变化可以很容易地进行预测	1 2 3 4 5 6 7
3. 本行业的技术发展趋势可以很容易地进行预测	1 2 3 4 5 6 7
4. 供应商的行为与策略变化可以很容易地进行预测	1 2 3 4 5 6 7
5. 经营所在地的政策和法律变化可以很容易地进行预测	1 2 3 4 5 6 7

三、相互依赖性

请根据具体情况，客观判断您所在单位的实际情况与下列陈述吻合的程度（答案分为 7 个等级，1 = 完全不吻合，4 = 中等吻合，7 = 完全吻合）。

1. 您所管理的业务单位无法独立运营，必须得到集团内其他企业或企业内其他部门的支持才可正常运转	1 2 3 4 5 6 7
2. 您所管理的业务单位的运营成败会对集团内其他企业或企业内其他部门的经营业绩产生巨大影响	1 2 3 4 5 6 7
3. 集团内其他企业或企业内其他部门运营成败会对您所管理的业务单位的经营业绩产生巨大影响	1 2 3 4 5 6 7
4. 您所管理的业务单位的原材料主要由集团内部或企业内部供应	1 2 3 4 5 6 7
5. 您所管理的业务单位的产品主要销往集团内部或企业内部	1 2 3 4 5 6 7

第二部分　上下级信息分布、权力设置与关系

一、信息不对称程度

请根据具体情况，客观判断您所在单位的上下级信息分布与下列陈述吻合的程度（答案分为 7 个等级，1 = 完全不吻合，4 = 中等吻合，7 = 完全吻合）。

1. 对于本单位日常运营，您比您的直接上级拥有更多信息渠道	1 2 3 4 5 6 7
2. 对于本单位人事调整，您比您的直接上级拥有更多信息渠道	1 2 3 4 5 6 7
3. 您比您的直接上级更熟悉本单位生产运作的全部流程	1 2 3 4 5 6 7
4. 您比您的直接上级更能准确预测企业未来业绩的变化	1 2 3 4 5 6 7
5. 您比您的直接上级更熟悉本单位的技术细节与技术前沿	1 2 3 4 5 6 7
6. 对可能影响本单位的外部环境变化，您比您的直接上级更敏感	1 2 3 4 5 6 7
7. 您比您的直接上级更了解本单位的真实生产能力或员工的潜力	1 2 3 4 5 6 7

二、决策权力

在进行如下决策时，我们需要对您与您的直接上级在这一决策上各自的影响力做一比较。1 表示您必须请示直接上级并且无法对上级决策施加任何影响，4 表示您和您的直接上级在这一决策上的影响力相同，7 表示您无须请示上级即可自行决定。

	1 您没有任何决策权——7 您有决定性影响						
1. 制定本单位经营策略	1	2	3	4	5	6	7
2. 制定本单位的预算	1	2	3	4	5	6	7
3. 建设企业管理信息系统	1	2	3	4	5	6	7
4. 选择投资项目	1	2	3	4	5	6	7
5. 开辟新市场	1	2	3	4	5	6	7
6. 开发新产品（或服务）	1	2	3	4	5	6	7
7. 根据市场更改产品（或服务）设计	1	2	3	4	5	6	7
8. 改进和决定生产流程	1	2	3	4	5	6	7
9. 决定整体出售企业某项业务	1	2	3	4	5	6	7

	1 您没有任何决策权——7 您有决定性影响						
10. 购买新设备	1	2	3	4	5	6	7
11. 选择供应商和确定采购数额	1	2	3	4	5	6	7
12. 对中间产品进行外包或自产决策	1	2	3	4	5	6	7
13. 在不同生产作业间调配财物资源	1	2	3	4	5	6	7
14. 在不同生产作业间调配人力资源	1	2	3	4	5	6	7
15. 雇用新员工和解雇您的下属	1	2	3	4	5	6	7
16. 对您的下属进行业绩考评	1	2	3	4	5	6	7
17. 对您的下属进行奖惩	1	2	3	4	5	6	7
18. 对产品（或服务）进行定价	1	2	3	4	5	6	7
19. 广告支出	1	2	3	4	5	6	7

三、上下级关系紧密程度

请根据具体情况，客观判断您在和直接上级交往时与下列陈述吻合的程度（答案分为 7 个等级，1 = 完全不吻合，4 = 中等吻合，7 = 完全吻合）。

1. 您的直接上级经常会邀您去他/她家共进午餐或者晚餐	1 2 3 4 5 6 7
2. 在节假日或工作闲暇，您会经常对您的直接上级进行电话问候或登门拜访	1 2 3 4 5 6 7
3. 在特定时间如您的直接上级的生日或节日，您一定会登门拜访和赠送礼物	1 2 3 4 5 6 7
4. 在工作之外，您与您的直接上级经常互相帮忙	1 2 3 4 5 6 7
5. 您非常认同您有必要在工作之外给予您的直接上级以帮助	1 2 3 4 5 6 7
6. 在工作之外，您会经常主动与您的直接上级分享您的想法、困惑、需求和情感	1 2 3 4 5 6 7
7. 您与您的直接上级在日常交往中，相互之间完全坦诚相待和完全信赖	1 2 3 4 5 6 7
8. 您非常关心、理解和体谅直接上级的工作条件和家庭情况	1 2 3 4 5 6 7
9. 您的直接上级非常关心您日常生活上的需求	1 2 3 4 5 6 7
10. 当与直接上级出现分歧和不一致时，您一定会坚定不移地信任和站在您的直接上级这一边	1 2 3 4 5 6 7

第三部分　业绩量度系统的质量

请根据具体情况，客观判断您所在单位的业绩量度系统与下列陈述吻合的程度（答案分为 7 个等级，1 = 完全不吻合，4 = 中等吻合，7 = 完全吻合）。

一、本单位业绩量度系统的总体质量

1. 本单位实施的业绩量度系统能够准确地测量出员工的产出成果	1　2　3　4　5　6　7
2. 本单位实施的业绩量度系统能够准确地识别出员工的努力与其产出成果之间的直接联系	1　2　3　4　5　6　7
3. 本单位对员工业绩考核时，主要依据客观指标，而非主观判断	1　2　3　4　5　6　7

二、对财务综合指标的量度质量（包括净利润等会计指标）

1. 财务综合指标很容易受到宏观经济行情变动的影响	1　2　3　4　5　6　7
2. 财务综合指标很容易受到集团内或企业内其他单位活动的影响	1　2　3　4　5　6　7
3. 财务综合指标很容易受到顾客消费行为或使用行为变动的影响	1　2　3　4　5　6　7
4. 财务综合指标很容易受到供应商行为变动的影响	1　2　3　4　5　6　7
5. 财务综合指标很容易受到同行竞争者行为的影响	1　2　3　4　5　6　7
6. 您的努力和贡献能非常及时、准确地在财务综合指标中显现	1　2　3　4　5　6　7
7. 财务综合指标的测量过程非常客观、规范和可靠	1　2　3　4　5　6　7
8. 财务综合指标总是由客观公正的人员主持考核与复核工作	1　2　3　4　5　6　7
9. 财务综合指标主要由定量的数字来描述	1　2　3　4　5　6　7

三、对内部流程非财务指标的量度质量（如产品质量、研发水平、成本控制、安全生产、交货时间、生产效率、设备利用等与内部生产相关的非财务指标）

1. 内部流程非财务指标很容易受到宏观经济行情变动的影响	1　2　3　4　5　6　7
2. 内部流程指标很容易受到集团内或企业内其他单位活动的影响	1　2　3　4　5　6　7
3. 内部流程指标很容易受到顾客消费行为或使用行为变动的影响	1　2　3　4　5　6　7
4. 内部流程非财务指标很容易受到供应商行为变动的影响	1　2　3　4　5　6　7

5. 内部流程非财务指标很容易受到同行竞争者行为的影响	1 2 3 4 5 6 7
6. 您的努力和贡献能非常及时、准确地在内部非财务指标中显现	1 2 3 4 5 6 7
7. 内部流程非财务指标的测量过程非常客观、规范和可靠	1 2 3 4 5 6 7
8. 内部流程非财务指标总是由客观公正的人员主持考核与复核工作	1 2 3 4 5 6 7
9. 内部流程非财务指标主要由定量的数字来描述	1 2 3 4 5 6 7

四、对外部非财务指标的量度质量（如顾客满意度、销货退回、客户投诉、供应商满意度等企业外部利益相关者对本单位的评价）

1. 外部非财务指标很容易受到宏观经济行情变动的影响	1 2 3 4 5 6 7
2. 外部非财务指标很容易受到集团内或企业内其他单位活动的影响	1 2 3 4 5 6 7
3. 外部非财务指标很容易受到顾客消费行为或使用行为变动的影响	1 2 3 4 5 6 7
4. 外部非财务指标很容易受到供应商行为变动的影响	1 2 3 4 5 6 7
5. 外部非财务指标很容易受到同行竞争者行为的影响	1 2 3 4 5 6 7
6. 您的努力和贡献能非常及时、准确地在外部非财务指标中显现	1 2 3 4 5 6 7
7. 外部非财务指标的测量过程非常客观、规范和可靠	1 2 3 4 5 6 7
8. 外部非财务指标总是由客观公正的人员主持考核与复核工作	1 2 3 4 5 6 7
9. 外部非财务指标主要由定量的数字来描述	1 2 3 4 5 6 7

第四部分　业绩量度系统的用途

一、请指出如下的业绩指标在何种程度上影响您的奖金与薪酬，数字越大表示该指标对您的奖金薪酬直接影响越大（答案分为 7 个等级，1 = 无任何影响，4 = 影响程度一般，7 = 有决定性影响）。

1. 对原材料的利用效率（如原材料的浪费情况）	1　2　3　4　5　6　7
2. 和年初预算相比，原材料成本的超支或节约情况	1　2　3　4　5　6　7
3. 对机器设备的利用效率（如设备运行时间、停机时间）	1　2　3　4　5　6　7
4. 装机效率（如装机时间，换机调试次数）	1　2　3　4　5　6　7
5. 对劳动力的利用效率（如开工情况，员工加班情况）	1　2　3　4　5　6　7
6. 工作安全保障（如生产事故数量，工伤数量）	1　2　3　4　5　6　7
7. 对其他兄弟企业或单位工作的支持情况	1　2　3　4　5　6　7
8. 存货周转次数	1　2　3　4　5　6　7
9. 推出新产品的速度	1　2　3　4　5　6　7
10. 出货质量	1　2　3　4　5　6　7
11. 废品率或残次品率	1　2　3　4　5　6　7
12. 从客户下订单到完成订单的速度	1　2　3　4　5　6　7
13. 向客户按时、保质交付产品的能力（如及时运送）	1　2　3　4　5　6　7
14. 解决客户产品使用过程中问题的能力	1　2　3　4　5　6　7
15. 按客户需求对产品某些参数或特征进行改动的能力	1　2　3　4　5　6　7
16. 客户满意度（如对于客户态度的调查和反馈）	1　2　3　4　5　6　7
17. 客户投诉数量	1　2　3　4　5　6　7
18. 退货数量和保修索赔	1　2　3　4　5　6　7
19. 您所在单位的销售额	1　2　3　4　5　6　7
20. 您所在单位的净利润	1　2　3　4　5　6　7

二、请指出如下的业绩指标在企业日常经营决策中的重要程度，具体而言请指出各项业绩指标在企业进行战略规划，投资、生产和营销决策，制定预算和计划，预测企业未来经营业绩等活动中的重要程度（答案分为7个等级，1＝完全不重要，4＝重要性一般，7＝非常重要）。

1. 对原材料的利用效率（如原材料的浪费情况）	1 2 3 4 5 6 7
2. 和年初预算相比，原材料成本的超支或节约情况	1 2 3 4 5 6 7
3. 对机器设备的利用效率（如设备运行时间、停机时间）	1 2 3 4 5 6 7
4. 装机效率（如装机时间，换机调试次数）	1 2 3 4 5 6 7
5. 对劳动力的利用效率（如开工情况，员工加班情况）	1 2 3 4 5 6 7
6. 工作安全保障（如生产事故数量，工伤数量）	1 2 3 4 5 6 7
7. 对其他兄弟企业或单位工作的支持情况	1 2 3 4 5 6 7
8. 存货周转次数	1 2 3 4 5 6 7
9. 推出新产品的速度	1 2 3 4 5 6 7
10. 出货质量	1 2 3 4 5 6 7
11. 废品率或残次品率	1 2 3 4 5 6 7
12. 从客户下订单到完成订单的速度	1 2 3 4 5 6 7
13. 向客户按时、保质交付产品的能力（如及时运送）	1 2 3 4 5 6 7
14. 解决客户产品使用过程中问题的能力	1 2 3 4 5 6 7
15. 按客户需求对产品某些参数或特征进行改动的能力	1 2 3 4 5 6 7
16. 客户满意度（如对于客户态度的调查和反馈）	1 2 3 4 5 6 7
17. 客户投诉数量	1 2 3 4 5 6 7
18. 退货数量和保修索赔	1 2 3 4 5 6 7
19. 您所在单位的销售额	1 2 3 4 5 6 7
20. 您所在单位的净利润	1 2 3 4 5 6 7

第五部分　企业业绩与薪酬

一、企业业绩　相对于行业平均水平，贵企业下列各项业绩指标最近三年的表现情况（答案分为 7 个等级，1 = 远低于行业平均水平，4 = 与行业平均水平大致相当，7 = 远高于行业平均水平）。

1. 贵公司近三年的平均利润	1 2 3 4 5 6 7
2. 贵公司近三年的市场占有率	1 2 3 4 5 6 7
3. 贵公司近三年的创新产品或创新思想推出的数量	1 2 3 4 5 6 7
4. 贵公司近三年对原材料或设备的利用效率	1 2 3 4 5 6 7
5. 贵公司近三年对劳动力的利用效率（如开工率，加班情况等）	1 2 3 4 5 6 7
6. 贵公司近三年的客户满意度	1 2 3 4 5 6 7
7. 贵公司近三年的员工满意度	1 2 3 4 5 6 7
8. 贵公司近三年的产品质量	1 2 3 4 5 6 7
9. 贵公司近三年的退货数量和保修索赔	1 2 3 4 5 6 7

二、请根据具体情况，客观判断您所在单位的薪酬业绩关联与下列陈述吻合的程度（答案分为 7 个等级，1 = 完全不吻合，4 = 中等吻合，7 = 完全吻合）。

1. 您的薪酬与针对您进行的绩效考核结果具有非常紧密的关联	1 2 3 4 5 6 7
2. 当您所管理的业务单位的业绩上升一定比例时，您的薪酬增加比例远远高于您所在单位的业绩增加比例	1 2 3 4 5 6 7
3. 当您所管理的业务单位的业绩下降一定比例时，您的薪酬减少比例远远多于您所在单位的业绩下降比例	1 2 3 4 5 6 7

第六部分　企业背景

1. 贵企业是否为上市公司：□是　　□否

2. 贵企业的所有制性质：

□国有独资　　　　　　□国有控股　　　　　　□民营企业

□外资企业　　　　　　□其他_____（请注明）

3. 贵企业的主要业务属于以下哪类行业（请选择）?

□农、林、牧、渔业　　□采掘业　　　　　　　□制造业

□电力、煤气及水生产和供应业　　　　　　　□建筑业

□交通运输、仓储业　　□信息技术业　　　　　□批发和零售贸易

□金融、保险业　　　　□房地产业　　　　　　□社会服务业

□传播与文化产业　　　□多元化企业

4. 所属制造业细分行业（若上题中不是制造业，则本题不需作答）

□食品、饮料　　　　　□纺织、服装、皮毛　　□木材、家具

□造纸、印刷　　　　　□石油、化学　　　　　□塑胶、塑料

□电子　　　　　　　　□金属、非金属　　　　□机械、设备、仪表

□医药、生物制品

5. 您所管理的业务单位的性质，您管理的是（请选择）：

□集团下某一个事业部或分公司　　　　　□企业中某一个部门

□其他_____（请注明）

6. 您所在部门：

□综合管理　　　　　　□质量管理　　　　　　□生产制造

□人力资源　　　　　　□会计/财务　　　　　　□营销/销售

□行政/后勤　　　　　　□研究开发　　　　　　□项目管理

□其他_____（请注明）

7. 您的职位级别：

□高层管理者　　　　　□中层管理者　　　　　□基层管理者

□其他＿＿＿＿＿＿（请注明）

8. 您的年龄区间为（请选择）：

□55 岁以上　　　　　□50～55 岁　　　　　□45～49 岁

□40～44 岁　　　　　□35～39 岁　　　　　□35 岁以下

9. 您在本企业的任职年限区间为（请选择）：

□1～5 年　　　　　　□6～10 年　　　　　　□11～15 年

□16～20 年　　　　　□20～30 年　　　　　□30 年以上

10. 您的教育程度为（请选择）：

□大专以下　　　　　　□大专　　　　　　　　□大学本科

□硕士　　　　　　　　□博士　　　　　　　　□其他＿＿＿＿（请注明）

11. 您是否认为贵公司的绩效考核体系比较有效地达到了企业的预期目标：□是　　　□否

12. 您是否对贵公司的绩效考核体系的执行和使用的总体情况比较满意：□是　　　□否

13. 公司上年末总资产＿＿＿＿＿＿万元，公司上年末员工总数＿＿＿＿人。

14. 公司名称＿＿＿＿＿＿＿＿＿＿＿＿＿＿，已经营年限＿＿＿＿＿＿，公司所属地区：＿＿＿＿＿省＿＿＿＿＿市

15. 您与您的直接上级所具有的社会关系，或者说您的直接上级是您的（可以多选）：

□（岳）父母　　　　　□祖父母　　　　　　　□外祖父母

□伯父（母）、叔父（母）　　　　　　　　　　□姨（父）、舅（母）

□兄（嫂）、弟（媳）、姐（夫）、妹（夫）

□堂兄（嫂）、堂弟（媳）、堂姐（夫）、堂妹（夫）

□表兄（嫂）、表弟（媳）、表姐（夫）、表妹（夫）

□其他姻亲关系　　　　□同学　　　　　　　　□同乡

□朋友　　　　　　　　□纯粹工作关系　　　　□其他＿＿＿＿（请注明）

后　记

　　行文至此，本想用十年后的眼光再系统地评述一下自己的这篇博士论文。然而，当再次看到博士论文致谢时，我改变了主意。科研只是我生活的一部分，更重要的是那些与我一同走过来的鲜活的人。谨以十年前的博士论文致谢作为本书后记。

　　人生总会有很多际遇，每每在事前预测都不会料想到这样的未来，但在长远的时间层面上回顾，却会发现过去的一切都在为这种未来的实现进行铺垫。十年前我未曾想过会来到烟雨迷蒙的江南；五年前我未曾想过有一天会穿上博士学位服行走于青坪点缀的财大；一年前，当我沉浸于悲痛时，我更未曾想到得以顺利完成博士论文的写作。在这些际遇中，有太多的人需要感谢，没有他们，我一定不会有今天这般书写博士论文的从容。

　　首先，我要感谢我的导师潘飞教授，能够追随潘老师攻读博士学位是我的幸运，没有潘老师，也就无所谓我的博士生活，或者也就不会存在我的研究生涯，潘老师在我求学过程中最迷茫的时候收留了我，再造之情难以言表。步入师门以后，无论在做人还是做事方面，潘老师对我都不失鞭策和教诲。而随着时间的推移，我越发感受到导师踏实负责、认真细致的科研态度，睿智大度、真挚坦诚的做事精神，所谓"仰之弥高"，大概也就是如此吧。而我感触最深的则是在我博士论文的草创阶段，时至年关，潘老师仍然紧张地为我的问卷发放而四处奔走，细心帮我解决博士论文写作中的困难，不是身处其境，真不知何谓"呕心沥血"。人们常言不能报以万一之恩情，大约说的就是这种情形吧。我还要感谢师母邹碧云女士，她真诚、善良、虔诚礼佛，对弟子关怀备至。唯愿潘老师与师母永远健康幸福。

　　其次，我要感谢陈世敏教授。陈老师是国际知名的管理会计研究学者，他学风严谨、踏实，对我们的管理会计研究方法与问卷调研方法进行了严格的训练。在我的博士论文选题过程中，陈老师提供了中肯的评价与切实的建议，而后又在我的问卷设计中给予了细致的指导和宝贵的意见，他敏锐的眼光与洞察力，对我博士论文的成文给予了重要的帮助。

再次，我要感谢上海财经大学会计学院的诸位老师，也许我求学经历中最得意的时光就是徜徉于上财会院的五年，这使我一开始就站在了中国会计研究的最高平台之上，亲身领略会计研究界最睿智人士的真知灼见。如下名字，每一位都是各自研究领域的翘楚，每一位都给予了我振聋发聩的思想启迪，他们是张人骥教授、孙铮教授、陈信元教授、张鸣教授、储一昀教授、李增泉教授、朱红军教授、夏立军教授、靳庆鲁教授、薛爽教授和朱凯教授。会院的璀璨除了得益于上述诸位教授的盛名，也得益于一众青年学者奋发努力的榜样力量，在科研的技术训练与态度方面，我从黄俊老师、侯青川老师、刘浩老师、王兰芳老师、唐松老师、周国良老师、赵子夜老师、何贤杰老师等诸位青年教师的教诲中受益匪浅。在日常生活方面，我要向陈军老师、陈晓东老师、郜颂倩老师、唐家乾老师、王志坤老师、徐金妹老师、王宇莉老师、赵果老师、张婷老师表示感谢，感谢他们一直以来对我们的照顾。在博士论文的最后阶段，张人骥教授、张鸣教授、薛爽教授、储一昀教授和徐宗宇教授为本文提出了许多宝贵的意见，在此，我表示真诚的感谢。

同时，我还要感谢俞韦峰教授（香港理工大学）、张国昌教授（香港科技大学）、黄德尊教授（香港中文大学）、范博宏教授（香港中文大学），诸位教授都是国际顶尖的会计与财务研究学者，思维开阔辽远，洞察世事往往直入本质、一针见血，通过他们的课程，我才得以窥见会计与财务研究的别有洞天。尤其要感谢范博宏教授，在香港中文大学期间，透过他一周一次的讨论，我逐渐明白了金融研究的一般范式。

我要感谢我的师兄（弟）陈国庆博士、颜军博士、文东华博士、童卫华博士、李长虹博士、沈红波博士、程明博士、佟成生博士、黄继章博士，师姐（妹）张川教授、方先丽博士、王悦博士、朱丹博士、周林博士、高苗苗博士。尤其是张川师姐和文东华师兄，从管理会计研究的入门、问卷设计的执行到博士论文的写作，两位都给予了我细致的指导和帮助，我永远不会忘记师姐在百忙之中为我联系问卷，也不会忘记师兄对我的问卷所进行的反复逐字逐句的修改。我还要感谢潘老师的访问学者赵琳师姐在问卷发放中付出的心血。

人生中最难以解释的就是缘分，能够与志趣相投者一同度过博士求学的时光是我的幸运，我要感谢我的同窗廖明情、肖土盛、高苗苗、张成、付迟、吴明明和孔祥七位博士，老廖成熟稳重，土盛踏实刻苦，苗苗清丽脱俗，张成潇洒飘逸，付迟温婉亲切，明明坦承谦逊，孔祥乐观大度，我们相互扶持走过风雨，我一生不忘。

我的每一步都得到了朋友的帮助，与每一位朋友的交互都可以构成一个长篇故事，然而纸短情长，我只能将这漫长的故事化作一个个名字，每个名字都为我的求学生活绽放了流光溢彩，我向你们表示感谢：王冰辉、李常安、林志伟、胥佚萱、叶飞腾、叶青、丁戊、都卫锋、张迪、黄欢、邓舒文、杨尔稼、潘亮、李灏、洪昀、张耀中、孙红、贾倩、毛昕旸、税煜、李贺、陈明端、赵良玉、官峰、唐丰收、付宇翔、姜雪畔、孙淑伟、张佩佩、郭照蕊、郑琦、高新梓、盛伟波、陶乐敏、陈春容、马祺豪、陈晟、陶佳晨、郭江龙、杨传菊、王晓峰、丁晨、沈珏、王开、于翔、杨帆、魏华斌、陈饶、范宗辉、李鹏展、安伟、李振、刘佳夏、余杰、张博、周子昊、朱宏亮、朱其芬、石坡、毛翔祖、耿旭东、徐超、夏鑫源、俞震华、周洋、衣艳文、殷悦、宋富良、刘崇锤、夏慧异。

最后，我要感谢我的家人。大约是 2011 年的冬天，我困顿于风俗和语言迥异的香港，尽管生活拮据，文字和数据的重负使人近乎窒息，但我仍然对未来有着温暖的向往，因为当时母亲还健在，我的心中还可以留下一个美好的愿望，就是母亲能够安然见证我穿上博士学位服的时刻，我能够从容地书写致谢，将博士生涯都幻化成致谢中一个个美好的文字。然而，我最终未能有如此的幸运，母亲在去年的秋天静静地走了，带着浓重的不舍，我紧握住她的双手也不能将她挽回。母亲在我人生即将展开的时候离去，未能获得哪怕是微薄的奉养与回报，她似乎专为将自己的心血倾注于这个家庭而存在，她的体贴和温婉最终不要求子女任何的回报。写作博士论文的日子，我的生活充满了愧疚和悔意，唯有在母亲身上我才可以体会到伟大，而她的离去抽空了我对未来几乎一切的幻想，我从未想过未来的踌躇满志背后没有母亲欣慰的微笑，但随着时间的流逝，我越来越明白，这将成为一种注定。博士论文的完成并不是我应当欣喜的成就，倘若追溯，这反而是我亏欠母亲的又一个明证；倘若需要致谢，我的身体与精神都是母亲给予的，又如何是一个谢字所能表达；我不确定人世有轮回，倘若有，我希望还是能够做母亲的儿子。除了母亲，我最应当感激父亲。自从母亲确诊以后，正是父亲的一力承担，我才能继续学业。母亲病时未能时刻床前照料，而将这一重负交与父亲，实在是为人子之不孝。我还要感谢我的弟弟，为了母亲，也为了我，他承担了许多原本应由我承担的压力和重负。

最后的最后，我要感谢姚可，过去的三年可谓风雨兼程，但我们能够相守如初，完全有赖于你对于我的宽容，谢谢你，让我的人生没有孤单、充满温暖。

2023 年春于上海